闯关者肖凯

CHUANGGUAN ZHE XIAO KAI

吴羚伟 施钰涵 著

从投行到教育的跨界人生

哈尔滨工业大学出版社

图书在版编目(CIP)数据

闯关者肖凯:从投行到教育的跨界人生/吴羚玮,施钰涵著. —哈尔滨:哈尔滨工业大学出版社,2020.9
ISBN 978-7-5603-8900-4

Ⅰ.①闯… Ⅱ.①吴…②施… Ⅲ.①肖凯－生平事迹 Ⅳ.①K825.38

中国版本图书馆CIP数据核字(2020)第123682号

HITPYWGZS@163.COM
13936171227

闯关者肖凯:从投行到教育的跨界人生
CHUANGGUAN ZHE XIAO KAI:CONG TOUHANG DAO JIAOYU DE KUAJIE RENSHENG

策划编辑	李艳文　范业婷
责任编辑	王晓丹
装帧设计	屈　佳
出版发行	哈尔滨工业大学出版社
社　　址	哈尔滨市南岗区复华四道街10号　邮编150006
传　　真	0451-86414749
网　　址	http://hitpress.hit.edu.cn
印　　刷	哈尔滨市石桥印务有限公司
开　　本	710mm×1000mm　1/16　印张14　插页8　字数180千字
版　　次	2020年9月第1版　2020年9月第1次印刷
书　　号	ISBN 978-7-5603-8900-4
定　　价	58.00元

(如因印刷质量问题影响阅读,我社负责调换)

1998年，读大一的肖凯

2010年，香港理工大学毕业典礼

2014年,与中国工程院院士、中国电动车之父、香港大学教授陈清泉合影

2015年4月,与赵万生教授和郑君民博士合影

2015年,获得十大杰出"新香港青年"荣誉称号

2015年12月,接受亚视君擎财经专访

2016年4月,考察江西项目,与东方爱幼集团创始人谭敏娟女士等人合影

2016年6月,中国工程院院士、哈工大校长周玉教授访问香港剑桥教育集团总部

2016年9月,与哈工大原校长、西安交大校长王树国教授合影

2016年11月,受聘为哈工大机电工程学院相伴成长导师

2016年5月，驻马店项目开工仪式

2016年11月，向哈工大教育发展基金会捐款100万元人民币设立铭心奖学金

2016年12月,与英国Peace Heaven市长合影

2016年12月,与英国上议院议员蒂姆·克莱门特·琼斯勋爵合影

2016年12月,参加香港国际创客节开幕典礼暨高峰论坛(后排右三为肖凯)

2017年10月1日，被聘为全港各区工商联永远名誉会长

剑桥汉铭爵（大连）幼儿园全景图

2018年5月,首届铭心奖学金颁奖仪式

2018年9月,参观深圳汉铭爵学校

2018年12月,与剑桥汉铭爵(大连)幼儿园园长及教师合影

2019年1月,香港北区工商联领导层拜访中联办教科部

2019年1月,香港北区工商联参观深圳国家生物产业基地

2019年4月,赴上海张江科学城考察

2019年,剑桥教育三周年年会

2019年6月,带领香港北区工商联参加哈洽会,受到黑龙江省政协副主席郝会龙接见

肖凯向哈尔滨工业大学教育发展基金会续捐100万人民币

2019年6月,第二届铭心奖学金颁奖仪式

2018年5月,赛马比赛后与骑师合影　　2019年12月,滑雪度假

2020年1月,香港剑桥教育集团2020年年会暨四周年晚宴启动礼,与中央政府驻香港特别行政区联络办公室协调部张强部长(右一)、全港各区工商联前会长暨永远荣誉会长吴为赞博士合影(左一)

2020年2月24日,香港北区工商联向香港粉岭区乡享会捐赠防疫物资

2020年2月25日,与魏明德会长造访香港红十字会,向特殊儿童捐赠物资

序

我在全港各区工商联第十七届会董局就职典礼的贵宾等候区认识了肖凯。

在这种场合，宾客盈门，交谈后真正能让人留下深刻印象的人并不多。一次两小时的碰面之后，很可能就再也没有来往了。我自然也没有对肖凯有过多的关注。

但后来，几次全港各区工商联的活动中，我再次遇见了这位年轻人，谈吐自信，处处得体。从其他几名前会长和现任会长的口中，我频繁听到"肖凯"这个名字和关于他的正面评价。

这个年轻人不断给北区工商联的会董和成员们带来惊喜。过去二十年来，内地和香港之间的经济交流越发紧密，我能看到这种日益紧密的联系正是由肖凯这样的年轻人在其中发挥作用。他在2018年创立香港北区工商联以后，不光成为工商联第一个来自内地的创会会长，还积极组织了非常多拜访内地的商务活动。这和我在1993年成立全港各区工商联的初衷是一致的——联合中小企业主的资源，增强香港的经济活力。

全港各区工商联成立之初，不少香港企业到内地投资设厂。1997年，极少部分香港人对回归后的前景失去信心，离开香港，也因此放弃了在内地和香港的事业，同一年的亚洲金融风暴更让香港的经济遭遇重创。但也是这个时候，国家成为香港的坚强后盾。

我时常感到庆幸，香江国际集团先后抓住了好几个时代机遇，我自己就得益于香港纺织品出口、内地房地产发展以及国家西部大开发的战略。身处剧烈变化的时代，我们这一代人抓住了成功的机遇。

而肖凯经历了和我完全不一样的时代。他出生于20世纪80年代内地北方的一座城市，正好是传统产业经历冲击的时期，他成长的90年代，是中国经济增速突进狂飙的黄金十年。从书里的描述来看，还在校园的肖凯专注在功课上，生活环境安稳。等到他决心从学术中走出来，全心投入商业世界时，中国的商业格局又发生了变化——和我经历的不同——更多的机遇留在了互联网行业。

肖凯没有跟随大流走进互联网公司，而是跟随国家政策，选择了一个跨时代跨周期的行业——教育。尽管这份事业刚刚起步，但我在和这个年轻人的交往和言行中，感受到他的抱负和野心。

在书中，我读到肖凯读博失败后，不惜一切追赶时间的故事，深有感触。他对时间的珍惜让我想起自己早年间的经历。我14岁跟随父亲从福建来到香港，不会讲英文和广东话只能恶补。20岁以后，我在一家纺织服装公司待了八年。八年里，我白天工作，晚上去大专院校进修英文和纺织服装业的技术课程。正是这样持续的深夜学习让我有机会在公司工作的第四年去欧洲继续深造，最终成为一位技术人员，乃至后来的管理人员。

不论哪一代年轻人，勤奋都是成功的钥匙。

我从小移居香港，刚搬来时尚且感受到语言不通的困难。肖凯在内地生活20多年才到香港，撇开语言习惯不同，行为习惯和价值观也会与本地年轻人有差异。但在我和他接触的过程中，并没有特别感觉到这种不同。这本书给了我答案，原来他一直在通过商业和社会事务融入香港。现在，他更不断为香港和内地的经济、文化和社会交往担当桥梁的角色。

大部分人在走入人生平缓期时，才会有一本自传或他传。但等到他们功成名就时，他们在早年间的奋斗史和方法论，在当代未必派得上用场。肖凯作为一个活在当代的人，做法和想法与当下年轻人更接近，也更富有借鉴意义。我更期待，一个尚未定型的年轻人不断向上攀登，传记的结局充满无限美好可能。

对于处在困惑期的年轻人，肖凯给出了一个优秀的范本。不少人觉得时代和时代之间有差异，例如没赶上好时候，连奋斗的资格都谈不上。但肖凯作为一个普通家庭出身的孩子，有心有力、随时全力准备，取得了不俗的成绩。

我希望年轻人们能从这本书里获得努力拼搏的勇气和信心。

杨孙西
大紫荆勋贤获得者
香江国际集团董事长
第八届全国政协委员
第十届全国政协常委

引子

人类文明向前走，浪尖上永远有一批探索者。教育自人类有了文明之后，因为传承需要便存在了，越来越多的人加入教育行业。与其说教育无缝融进每个时代，不如说教育培养时代探索者。

肖凯就是这样的探索者。他没有发明新的教育方式，但他创办企业和解决问题的方式是具有创造性的。他通过创办教育企业的方式探索教育的本质。

他不尖锐，不说狂话，重要决定都在自己内心演练完毕。他不是克里斯马式的大演说家，没有金句，没有煽动性，不会让人当下称奇或击节叫好。他有情怀，讲方式，娓娓道来，对人的影响是渗入式的。

这既是一个优秀青年企业家的创业心得，也是一个年轻人的成长心得和蜕变心得。从肖凯的故事中，可以看到一个人的成长历程，看到一项事业的成长历程。这里面不仅饱含一个人做事的经验，更反思了他如何塑造自己的天地。

目　　录

1　追时间的人　　1

2　成长（1980—1998）

肖凯待人有礼有节，显得比同龄人要成熟沉稳。一看就"来自书香门第"。

- 闯关东　　13
- 哥哥的责任　　18
- 数理化走天下　　22

3　哈工大岁月（1998—2005）

22岁的肖凯，在深圳这座生猛鲜活的城市里，进行了一场创业前的历练，完成了人生最重要的成人礼。

- "闷不吭声的学霸不见了"　　27
  - 学生会　　30
  - 同窗情　　32
- 二十二岁的创业成年礼　　35
  - 白手起家　　35
  - 校企实验　　40
  - 风暴后的"硕果石"　　44

4 / 磨炼
（2005—2010）

博士退学，即便是在很多年以后都被肖凯评价是人生最低谷的时期，但这个低点也宣告了懵懂和被动接受状态的终结。触底反弹，肖凯不再沉溺于痛苦和纠结，而是有了很多现实的思考。

两次签证被拒	51
"我当了科研逃兵"	56
铁的意志向前	59

5 / 香港创业新篇章
（2010—2016）

从小时候起，肖凯总是希望能成为组织里排在最前头的那个角色。既然在投资这个领域没法做到最好，那就换一个赛道——创业。

人生按下加速键	67
初尝资本	76
第一桶金	76
失之交臂	80
圈子	87
重建校友会	87
遇见伯乐	95
恭喜你，正式融入香港	100
不再满足的年轻人	107

6 / 崭新的赛道
（2016—2019）

肖凯相信，自己从办学延伸到金融、科技领域，再纵深到创立教师培训学校，是从点到线，这条线迟早有一天会成为一个面，最后成为一个庞大的系统。

"赌了一把大的"	113
太太反对	113
"身份认同解决了"	117
到英国去	120
也有"十八罗汉"	122
为未来准备	125
躬身入局	130
旗开得胜	130

滚雪球　　　　　　　　134
　　从"躲学生"到"找学生"　138
　　家事　　　　　　　　　142
　　用别人的学费上课　　　146
　　"农村包围城市"　　　　150
金融的基因　　　　　　　155
　　及时止损　　　　　　　155
　　提前布局　　　　　　　162
　　做学校还是做产业　　　164
　　传承　　　　　　　　　168
反哺　　　　　　　　　　172
　　香港来的投资者　　　　172
　　母校的港湾　　　　　　177

7 / 结　语（2019至今）

尽管肖凯当了科研的"逃兵"，但"人生就是这么美妙，往往不会按照设定的轨迹前行"。

变化　　　　　　　　　　187
　　案头书　　　　　　　　194
　　企业与企业家　　　　　197
香港剑桥教育集团大事记　201

后记　　　　　　　　　　　207

1 追时间的人

肖凯的日常和他常住的城市香港一样，步履匆匆。

2019年的倒数第二天9点半，他到达深圳宝安区的华讯方舟产业园门口。快到元旦了，他的行程一天比一天密集——今天，他要带领四十多人组成的全港各区工商联访问团拜访深圳的几家高科技企业及政府机构。肖凯作为全港各区工商联永远名誉会长兼副会长，同时又是常务秘书长和创新科技委员会的主席，安排了满满当当的一天：上午8点开始，工商联的成员们从香港坐大巴，一路前往深圳最具创新力量的宝安区和位于南山的前海自贸区，在八小时内几乎不间断地拜访华讯方舟、大疆创新两家科技企业，以及前海孵化器、前海管理局、大湾区深港商贸合作基地等机构。

一整天的走访和穿插其中的几拨会议让人有些疲劳。在参观完最后的大湾区深港商贸合作基地时，已经是当天晚上将近八点了。大巴车将众人送往饭店举行晚宴时，大家终于都松了一口气。四桌人开了四瓶红酒相互致意，白天局限于商务合作的话题慢慢打开，饭桌上的气氛热络起来。

正在大家觥筹交错之际，肖凯已经悄然离席了。

一个多小时后，他坐在香港的办公室里，埋头准备一周后在上海浦东新区政协会议上的发言——创新科技委员会主席肖凯还有一个身份，是浦东新区的政协委员。

快到十二点,肖凯才忙完。一整天下来,他累到没有留白,沾了枕头就睡——留给他休息的时间并不多;四天以后,他将迎来香港剑桥教育集团2020年年会暨四周年晚宴。

2016年,还在金融圈的肖凯创立了属于自己的教育集团。这是他过去几年倾注心血最多的项目,也为他带来迄今为止最为自豪的身份——一家教育集团的创始人和董事长。

深圳南山区臻品轩酒店大堂内,一条红毯直铺到绛红色的签名墙前,墙上印了几个浅金色大字——"攻坚克难 砥砺前行"。这是香港剑桥教育集团2020年年会暨四周年晚宴的主题。晚宴六点正式开始,和往常一样,肖凯提前半小时就已经站在签名墙前等候陆续到来的宾客们了。

相比三周年年会,今年香港剑桥教育集团的规模再次扩大,邀请的宾客人数从三百人增加到四百多人。一部分宾客是教育集团自上到下的员工——集团董事会成员、大小股东们、各个学校和幼儿园的校长、园长,以及优秀教师代表。深圳作为一个大本营,是中国内地和香港的员工与董事会成员们见面的最佳地点。除此之外,肖凯还邀请了一部分项目上的合作伙伴,他们包括为学校筹备绘本的设计师、学校宣传渠道拓展合作伙伴,以及投资机构的代表等。

其余的客人都是肖凯在不同场合认识的朋友:中国国际文化传播中心深圳联络部部长蔡野,中央政府驻香港特别行政区联络办公室协调部副部长张强、社团联络部副部长郑战良、教育科技部副部长张总明、研究部副巡视员张文双,香港特别行政区全国人大代表、前海管理局香港首席联络官洪为民教授,香港特别行政区全国政协委员魏明德,新民党副主席潘国山，人民网香港分公司总经理李海元，全港各区工商联现任会长卢锦钦博士、前会长暨永远荣誉会长吴为赞博士……不仅如此，肖凯不光邀请了不少哈尔滨工业大学的校友，还邀请了一部分项目上的合作伙伴。

乍看起来，来客们的头衔和行业似乎都没有太大关联，但他们都对肖凯目前从事的教育行业抱有浓厚的兴趣，今后也会一直出现在肖凯的商业故事里。和肖凯一样，这些生意伙伴都拥有多个头衔，彼此之间因为不同的组织和身份有着多重联结。

吴为赞和卢锦钦分别作为全港各区工商联的前任和现任会长，都担任剑桥教育集团的股东。工商联这个在香港本土发展壮大起来的商会组织，过去还从未有过内地人做分区会长的历史，而生在东北、长在东北的肖凯不仅在工商联占了一席重要位置，还在2018年成为北区工商联的创会会长。

来自各个行业和领域的客人们并没有按照行业被安排到同一桌——肖凯花了不到半小时，就排好了座次。他排位的逻辑很简单：找共同点。那些社会地位、所处行业相差太过悬殊的，往往不会被安排在一起。肖凯从佛山来的合作伙伴，就被排在一桌，同桌的还有几个也讲粤语的广西朋友。"重点是要让客人们开心，彼此不要有陌生感。"肖凯说。

因为来的人太多，酒店包间的四十张桌子显得有些拥挤，坐在后排的一些校长和老师都难以看清舞台上的歌舞节目。不过他们似乎并不在意这点——大多数人都沉浸在即将上台表演的兴奋和被邀请莅临年会的喜悦之中。

这次，步入第四个年头的香港剑桥教育集团又向前迈了一大步。

"截至2019年底，集团在中国内地及香港开办了20所学校，包括十七所幼儿园、两所小学及一所初中，同时战略性地移交一所小学及一所初中。"肖凯现场仔细向大家汇报了公司重要的几个里程碑事件。他的教育集团好像一架冲劲满满的飞机，飞速起跑，直冲云霄。

这不是一个容易取得的成绩。2019年，中国人民银行发布的一份报告数据显示，美国中小企业平均寿命在8年左右，日本是12年，而中国中小企业的平均寿命只有3年左右。"很庆幸集团还活着，冲破了初创企业很难活过三年的魔咒。"肖凯在台上颇为感慨。

香港剑桥教育集团跨过了三年这条生命线，而不少企业在过去一年停在了这条线上。2019年，国内中小企业普遍喊"难"——大家都面临着"百年未有之大变局"，面对不确定的国际政治和经济环境，压力巨大，不少企业和企业家陷入迷茫和停滞状态。

在这样一个剧烈变革和转型的时代，肖凯的回应是："如果我们不去学习，不去顺应世界发展潮流，终究要被社会所改变、所淘汰。"他清楚地感受到了时代激荡，怀抱着坚定的信心朝向长久的目标一路向前，同时也做好了随时调整策略的准备。

合作伙伴或是朋友每次和肖凯见面，他的项目都会有一些新进展。饭桌上刚露头的一桩生意，几个月后，肖凯在带访问团前往当地考察的工商联活动中就能彻底敲定下来。仅仅是2019年这一年，肖凯就为自己安排了4次分别前往国内重点城市的工商联拜访行程——平均一个季度一次全团拜访，这个频率在商会中显得异常密集。

这个刚满三十九岁的青年企业家，平日穿着朴素，常常一身深色西装，配一条红色领带，相比可以称之为单调的日常装束，他的身份显得丰富许多——教育公司创办人、商会发起人、投资人、政协委员、大学兼职教授……在肖凯手上，政府、资本、学校项目、社团事务等等令人眼花缭乱的项目都在飞快推进，任何人只要稍不注意，就会在他的进度条上迷失。

这个年轻人，在人生的标尺上，一步一步果断地锚定好自己的目标，一旦确认，就顺着绳索用力攀登，一段旅程结束后，迅速瞄准下一个锚点。你也可以把它看作是一个普通人蜕变成职业登山者的故事，这个故事里有看似遥不可及的峰顶，有艰难险阻，也有偶遇平坦小路的快乐——从向上攀登中获得快乐，这种坚韧早就埋藏在肖凯父辈的血脉中。

成长（1980—1998）

　　肖凯待人有礼有节，显得比同龄人要成熟沉稳。一看就"来自书香门第"。

1980年，肖凯出生在黑龙江省齐齐哈尔市，在这里他度过了童年和青春期，一直到离开家乡赴哈尔滨念大学。

齐齐哈尔附近沿嫩江及其支流一带生活着达斡尔族，在当地的达斡尔语中，"齐齐哈尔"是"边疆"或"天然牧场"的意思。这座边疆之城，曾经有255年时间是黑龙江的省会。

这座城市最辉煌的时候，也是整个东北最辉煌的时候。

1953年，在新中国进入第一个"五年计划"时，齐齐哈尔和很多东北城市一样，被要求建设成为一个新兴的生产型城市。"一五"计划期间，苏联援建的156项工程项目中，其中有三项落户在齐齐哈尔市富拉尔基区，分别是：重型机械厂、特殊钢钢厂、热电厂。在这之前，齐齐哈尔已经拥有了名头响亮的"七大厂"——第一机床厂、第二机床厂、车辆厂、和平厂、建华厂、北满特钢、一重。它们因为1950年抗美援朝战争打响，从辽宁沈阳搬到后方齐齐哈尔，同来的还有几万名远道而来的护厂工人。

第一产业就这样在齐齐哈尔迅速崛起。一时间，这座城市厂房遍地，机器轰鸣。为了满足十万产业工人的需求，齐齐哈尔还模仿苏联式建筑建了一座气势恢宏的工人文化宫。

东北作为共和国长子的黄金时代延续了三十年。20世纪80年代改革开放后，对比中国南方城市大跨步式的发展，齐齐哈尔这个全凭重工业发展起来的城市却走向下坡。进入90年代，这种颓势愈发明显。在国企转型改制的浪潮中，曾经辉煌的工厂陆续经历了整合和并购：第一机床厂卖给浙江天马轴承厂，全面改制为民营企业；第二机床厂被中国通用收购；北满特钢卖给辽宁特钢。更多工厂因为效益下滑破产倒闭：全国最大的一家造纸厂破产，农机厂、齿轮厂先后倒闭，大批工人下岗，但长期以来单一的产业结构又让他们无处可去。

在今天的电视剧、电影和文学作品中，90年代的东北大多以衰败破旧的老工业基地形象出现。电影《钢的琴》《白日焰火》都再现了1990年至2000年的东北城市下岗潮中，人们焦虑迷茫的状态。纪录片《铁西区》里的东北，也同样裹挟着90年代悲观的情绪。

家乡因为时代需要而辉煌，又因为时代变革而走向落寞。肖凯生命中的前十八年几乎和齐齐哈尔从鼎盛走向衰颓的过程同轨，但他生活视野里的东北却几乎和"衰败"没有联系。

这份理性和对家乡的温和感情，很大程度上来源于家庭。从童年时期乃至到上大学，肖凯都生活在某种类似真空的简单环境中，他的父母都是返乡知青，母亲成为教师，父亲成为公务员。在东北地区，这两份体制内的职业意味着稳定和优渥的家庭生活。

闯 关 东

肖凯成长于安稳的环境中，但将他的家族故事展开来，却是一部颠沛流离的闯荡史。肖凯的祖辈们原本是山东历城的响马出身，忠肝义胆、劫富济贫。清朝时期，肖家因为为民除害惹怒官府，逃往东北。流亡过程中，其中一族落在了沈阳，另外两族跑到了黑龙江齐齐哈尔，并落脚在一个名为"大哈柏"的村子里。

边疆之地天寒地冻、物资不足，当地人不满外来者瓜分有限的资源，便和两支肖家宗族打了一仗。肖家打赢了，不仅在当地落地生根，还给落脚点起名为"肖屯"。肖家宗族一直在肖屯繁衍生息，渐渐人丁兴旺。

1931年，"九一八"事变后，日军侵占东北，设置了伪满洲国龙江省，并将齐齐哈尔设为省城。国家风雨飘摇之际，一个身高只有一米七、体重八十来斤的瘦小文人来到征兵队伍中，想参军为国，没想到却被拒绝了。"你这么弱不禁风的，打什么鬼子？"

这个人就是肖凯的爷爷。他在日本人统治东三省时学过日语，因此在乡里是个教书匠。此时他当兵不成，只能老老实实找了份文职工作，到一家银行当职员。

1949年，新中国成立以后，爷爷到塔哈（今齐齐哈尔市富裕县西南塔哈镇）的乡政府做了名会计。这份工作尽管不算在政府的编制内，但也是一份安稳体面的公职。于是，肖凯的爷爷带一家人从大哈柏村搬到了塔哈乡。此时，肖凯的父亲已经出生。他是次子，除了大哥，下面5个兄弟姐妹都出生于新中国成立后。

大家庭搬到塔哈后，一直都生活在同一处。在家庭壮大的几十年间，一大家子人陆续经历了1958年到1961年的三年困难时期，艰难挺过了粮食短缺的日子。1966年，肖凯的父亲初中还没毕业，却被迫中断学业。70年代后期，乡镇里停滞的生产逐渐恢复正常，他接了父亲的班。当时，肖凯爷爷已经从塔哈乡政府调到乡里的粮库工作。

尽管肖凯的父亲学历不高，但他对学习有天然的热爱，不光喜欢读书、看报、写文章，还写得一手好字。因此在接替父亲的工作以后，他在粮库迅速被提拔为主任。没想到，在所有人都以为他会顺利继续升职的时候，这个脾气倔强、性格火暴的小伙子因为和上一任的粮库主任发生了龃龉，一气之下不想继续在粮库干了。

肖凯的大伯当时是塔哈乡的乡领导，他为了弟弟特意找到时任富裕县税务局局长，希望把弟弟调到塔哈乡税务所。局长应承下来以后，肖凯的父亲便从乡里的粮库直接跨步到了乡税务所。

为了掌握税务知识，肖凯的父亲一直用功学习。每天一下班，他就夹着公文包直奔夜校上课，几个月下来，他成功通过了考试，拿到了函授类大学本科的文凭。往后几年，肖凯的父亲又考取了中国经济师，还在1996年中国注册税务师制度正式确立后，成为中国第一批注册税务师。

从此，他的人生有了更大的改变。肖凯小学三年级的时候，父亲被调到富裕县税务局，母亲也在同县的中学里找到一份教职。从此，这个从塔哈乡里走出来的家庭跃迁来到了县城。肖凯和比自己小两岁的弟弟在富裕县一路接受了从小学到高中的教育。

肖凯的父亲从兄弟俩刚学会说话时就一直在讲这部家族变迁史。祖辈们从山东一路流徙到东北，最终扎根齐齐哈尔的村里。多亏众人一路相互扶持，抱团互助，才有了如今兴旺的大家族。直到现在，肖凯的儿女出生后，父亲依然常常提起这段往事。

"命运"让一家人都无比信奉教育的力量。时代巨轮倾轧，有人自暴自弃，有人随波逐流；但从肖凯的祖辈开始，一家人的命运便被一股强大的力量一步步牵引着走向更辽阔的世界，这股力量的来源正是文化知识。爷爷深受教育影响，凭借文职从村里走到乡里，同样好学的父辈从乡里跳出来，一路星火传承。到肖凯这儿，已经是第十一代了。

肖凯的母亲也来自于一个大家庭。不过和闯关东的父亲一族不同，母亲是满族人，家族战功显赫，历史上出了不少校尉和将军。从小在将才如云的家庭长大，母亲被培养得很刚强，豪雄的家风更是培养了母亲不拘小节和活泼开朗的性格。

1977年，全国恢复高考时，肖凯的母亲因为已经嫁给了父亲，所以选择放弃高考。拥有高中文凭的她在当地中学找了一份教职，白天给学生们上课，下课后准备教案。在肖凯和弟弟肖凌出生后，她操心的范围从家务扩大到了孩子教育，按肖凌的话说，"家里的大小事情都是她操持着"。在家里，父亲的税务工作繁忙，常常需要因公出差。兄弟俩还在小学时，父亲被组织委以重托派去大连函授学习整整三个月。这三个月里，孩子们完全由母亲一个人照顾。

这份坚韧深深地影响了肖凯，在他未来的求学和工作中，扮演了重要的角色。尽管辛苦，但母亲从来没有叫苦，更没有埋怨家庭阻断了她或许会更宽广的人生道路。

20世纪80年代，中国的大部分权威式父母依旧采用传统的棍棒方式教育孩子，而肖凯的父母采用非常开明的教育方式，并扮演了不同的教育角色。在兄弟俩眼里，父亲是个大孩子，常常和孩子一起玩闹，母亲相比父亲要严厉得多。中学老师的身份让母亲平时接触各种性格的孩子，她更了解孩子的心理，有一套自己的原则和方法。例如，她很注重帮助孩子建立规矩，在肖凯和肖凌成长的过程中，母亲会在他们犯错前侧面提醒，在犯错后批评，让他们明白是非对错。

母亲也很了解让孩子自己树立并达成目标的重要性。在肖凯和弟弟还很小的时候，她就让两兄弟自己做决定，并且教他们如何达成这个目标，而不是包办一切。按肖凯的话说，自己小时候经历的是一种"放养式"的教育方式，这让他在日后的学习和工作中，一直都很有主见。

这种家庭环境对肖凯的影响显而易见。肖凯的大学同学吴原回想起他第一次见到肖凯时，印象最深的是，和班上为数不少的农村孩子相比，来自齐齐哈尔市的肖凯待人有礼有节，显得比同龄人要成熟沉稳。用吴原的话说，肖凯一看就"来自书香门第"。

这份印象来自于家庭对肖凯潜移默化的影响。从小，肖凯家里就保留了读书看报的习惯。父母订了好几份报纸，也总爱往家里买些工具书和世界名著。每天晚上七点，一家人吃完晚饭后，总会坐在电视机前，准时等待央视《新闻联播》响起的声音。当《新闻联播》一结束，父亲就会拿起茶几上的报纸杂志细细浏览一遍。父母亲对文化哲学、时事政治的关注，让肖凯从小就受到熏染。他从小就着迷于书中那些帝王将相、文人骚客的故事，一读就是几个小时。

父亲年轻时就是个多才多艺的帅小伙，吹拉弹唱样样都行，母亲则是当年的校花，更是爱唱爱跳的文艺积极分子，学生们都特别喜欢她。

在肖凯的记忆中，平时家里的氛围也很活跃。有事没事，父亲总是会拿出心爱的二胡拉上几段。逢年过节家里来了客人，就更热闹了。客厅俨然成了晚会现场，父母和朋友一起唱歌跳舞、表演乐器。在小学时学过两年电子琴的肖凯最后也成了客厅晚会的表演成员。而且很快地，肖凯的演出场地还从客厅转移到了学校五一会演的舞台上。

多年后，每当肖凯回忆起这幅家庭舞台表演的场景时还深有感慨——他心目中一直保留着一个组建乐队并在家人面前再表演一番的梦想。

哥哥的责任

看起来，肖家的学习能力已经成了一种传统，甚至化为基因片段融入了肖凯和弟弟肖凌的血液里。从小学一路到高中，肖凯和弟弟的成绩一直都是班上最拔尖的。兄弟俩就像两条并行十几年的线，相互见证了彼此的优秀。父母的同事或是隔壁邻居提到肖家两兄弟，都会竖起大拇指。

不过，肖凌心里很清楚，比自己大两岁的大哥，能力远在自己之上。他提起哥哥时总是带着崇拜，"他的好成绩实属凤毛麟角"。尽管父母从来没有对孩子提出过高的要求，也没有刻意比较兄弟俩，但小时候的肖凌就在哥哥优秀的"阴影"下长大，"是榜样也是压力"。

大学以前，兄弟俩念的都是同一所学校。即便上了大学，外人看起来，两人的差距也并不明显。但如今，兄弟俩取得了不一样的人生成就。肖凯在香港生活，是一家国际教育集团的董事长，还发起成立了一个团结内地和香港工商界的商会组织；而肖凌在上海生活，拥有一家小型的贸易公司。

两条线是从什么时候开始往各自方向发展的呢？变道的走向，弟弟很早就发现了。

兄弟俩经常一起放学回家，饭后两人会在书房做作业。弟弟发现，哥哥从来不花费额外的时间翻开课本，但自己需要在课后多付出几倍的时间，才能保持名列前茅的状态。

他这才知道，肖凯的功夫都在课堂上，他在课上已经把老师讲的知识点融会贯通了。在弟弟看来，哥哥的优秀和高效来自于他极其善于总结和领悟的能力。

这的确是肖凯从小就拥有的思维习惯，"我愿意思考、勤思考、愿意学习"。他的大脑总是在快速运转，每每有新的经历，或学到一个新故事，他就会快速地将所有相近或类似的事情归结到一起。当他面对一件陌生的事物需要做出决策时，便会直接调出脑海中的知识库。

肖凯并不担心自己的知识库太过庞杂。每次阅读之后，他总会学到不少新的概念。这些前人的智慧往往更精确凝练，让之前自己总结的事情变得更形象，更容易记忆。起初，这种主动的归类方法或许由于样本的不足而略显粗糙。但随着年龄的增长，肖凯不仅拥有更多阅历，书本里那些文韬武略和关键决策都化成了自己的储备。久而久之，他内心构建起来的知识地图不断扩张，框架也变得越来越精细。

进入职场以后，肖凯发现很多人在学习或工作时会畏难，这种情绪的产生很有可能是不熟悉或是能力的限制。他有时会套用打羽毛球的经验来点醒对方："你打球时，是主动进攻累，还是被动接球累呢？"

肖凯一定是主动的那一个，在童年时期的大院生活中，他就展现了比同龄人更愿意主动尝试的特质。

在他成长的80年代，自行车是举办婚礼前必须要置办的"三大件"

之一。在那个时候,能骑上一辆永久、凤凰或飞鸽这三大国牌自行车,就是很多家庭省吃俭用的第一目标。当时的自行车分男女款,大部分家庭都买了一款型号叫作二八的男款自行车。它们统统长一个模样,高大威猛的黑色车身,车头和座椅之间有一道横梁。横梁实在是太高了——即便是成人,都得扶着车把,一只脚踩着蹬子,另一只脚往前快速遛几步才能跨步上车。

那身高不够的孩子们怎么办呢?他们往往苦练"掏裆式"骑法。这种骑法很讲究技术,身子在车子左侧,右腿却从大梁底下斜钻到车的右侧,踩到蹬子上,才能一下一下地将车子蹬起来。因为身体重心不断变化,用这种骑法可比成年人坐在车座上掌握平衡要难得多。

每当街上有小朋友跨着一辆高大的二八"飙车",正在上小学一年级的肖凯也看得心痒痒的。终于有一天,父亲买了一辆飞鸽自行车,肖凯高兴坏了。他跟爸妈说了一声,推着自行车就出门。父母像往常一样,只是叮嘱了句"注意安全",便也没有再管。

站在院子里,看着比自己个头还要高的二八自行车,肖凯的征服欲一下就被激发起来,"我得让它听我的"。

在琢磨"掏裆"技能的过程中,肖凯已经记不清有几次摔车、摔人、连车带人一块摔的情况了。当时他的年纪实在太小了,力量不够,更难掌握好平衡,几次从自行车上摔了下来,胳膊都被磨破了。可是他没有哭,也丝毫不觉得疼,心里的想法只有一个——"就是要学会它"。

几个小时以后,母亲出门喊肖凯回家吃饭。她突然发现,这个才摸着自行车不久的孩子已经在院子里"飞"起来了,左右脚轮流使劲儿,小小的身子挨在大梁边上,一起一伏。

前面提到，虽说从小生活在齐齐哈尔，但肖凯的家庭其实来自于山东，在一个典型的山东式家族中，大家都非常注重长幼尊卑的观念。肖凯是长子，又是长孙，自然背负着整个家族的期望。

打小，父母就会告诉肖凯，"哥哥需要承担起更多责任"。肖凯始终把这种责任放在心上，他总会在生活和学业上照顾弟弟。肖凌初二那年，身体出了一些毛病。一个学期里，他几乎只是在上午上一两节课，就请假去医院报到。晚上五六点钟，肖凌从医院回家吃好晚饭，也没法再去学校参加自习了。

当时肖凯已经上高一了，高中的学业要比初中繁重得多。但为了不让弟弟落下课业，他总是会在弟弟回家以后，空出一部分时间给弟弟讲课。整整一个学期，肖凯都会咀嚼一遍初中课本，并且用弟弟能理解的方式教给他。肖凯思路清晰，总能抓住重点。尽管肖凌缺席了大部分课堂，但因为肖凯的帮助，一直维持着不错的考试成绩。

就这样到了高三，肖凯开始复习低年级的内容，他发挥了自己的总结能力，整理了一些经验和学习方法。弟弟总能获得第一手的学习资料，有时还比同学提前学到新知。在一次化学课上，肖凌发现老师讲的内容跟哥哥教给他的不一致，就站起来发表了意见。下课后，化学老师特地走到肖凌面前，承认自己当时讲的内容的确有问题。

这种爱总结、爱分享的习惯一直延续到现在。肖凯常常在读完一篇文章或读完一本书后，快速整理一段自己的感悟发到香港剑桥教育集团高管和股东的微信群里。尽管日常被各种事务塞满，他还是随时随地能够吃透手边的资料，完成总结，再分享给他人。

数理化走天下

肖凯高考前，正值20世纪90年代末，如果按照作家李陀在《八十年代：访谈录》中给不同年代概括的时代精神：80年代追求人文和理想主义的热潮已经褪去；到了90年代，改革开放时稍早一批下海经商的国人已经先富起来，此时中国人开始追求更实用的价值观。

在东北工业基地，经济法律和人文思潮开始让位于工科。虽然进入90年代后，东北发展速度放缓，开始发展轻工业，拓展外向型经济以寻求新突破，但重工业依然是主力军，到2003年前后，产值比重仍稳定在80%左右。

"实业救国"，或者"学好数理化，走遍天下都不怕"是这座城市大部分人的观点。也正因此，理工科成为那个时代高考生专业选择的"香饽饽"。90年代初，高校大理科与大文科的比例是7∶3。1998年，工学招生占本科总招生数的比例为41%，虽然到了2010年，工学招生占本科总招生数的比例已经下降为33%，商科更受学生的青睐，但在当时的东北，理工科的热度依旧无可匹敌。更何况，对体制内家庭来说，众多出自工科背景的国家领导人是工科经世致用的最好例证。

从20世纪90年代开始，一直持续到21世纪初，中国政坛出现了极为突出的"工程师治国"现象。从地方官员到中央领导人多为理工科出身，他们成长于1949年新中国成立后，在国家工业化建设时期大展宏图，并参与了中国改革开放后多个历史时期的重大决策。

作为中国首个大学联盟——九校联盟（C9）中的一员，哈尔滨工业大学是东三省知名的高等学府。"规格严格，功夫到家"的校训和治学严谨、讲求实干精神的学风一直是外界对这所学校的高度评价。自1920年建校以后就一直存在的机械工程系，是哈工大最负盛名的专业之一，哈工大也被誉为"工程师的摇篮"。在很多人眼中，哈工大的机械工程系可以和清华并驾齐驱。2017年，该专业在教育部的第四次评估中，与清华大学的机械工程系一同被评为A+，代表了国内最高水平。同时，机械工程系还是全国首批硕士点和博士点学科、首批博士后流动站。

为了能让学生"一毕业就上手"，哈工大重在培养学生的具体工程能力。在当时，能够快速上手的学生往往比只掌握理论基础的学生更受企业欢迎。2002年，一个哈工大的本科毕业生直接进入华为这样的技术企业，每个月能拿到5 000元薪资，如果进入宝洁这样的消费品外企，能拿7 000元——这在当时是相当高的薪水了。

王牌专业的名声在外，吸引了全国优秀的莘莘学子。但实际上对一些人来说，这并不是一个完全成熟理性的选择，大多数人都依从当时社会"理工科就业面更广"的实际想法，或者怀抱"什么专业热门报什么"的观念来到哈工大机械工程系。

肖凯家也不例外。好学生，好学校，好专业——在高考前，肖凯和自己的父亲母亲默契地确定了一条梦想人生的上升路径。不出意外的话，他打算考上哈工大，一路从机械工程系往上念，拿下硕士、博士学位，最后留校任教。

在大学时期，肖凯希望在学术上走得足够远，这样的想法很能代表北方三线城市公务员家庭对于稳定、务实的追求。

在肖凯参加高考的1998年，高校还未扩大招生，录取率为33.86%（1999年即升至56%），人们还在用"千军万马过独木桥"来形容高考。对很多人来说，高考前意味着奋力一搏之前的不安。但在肖凯的心中，这只是他一次平稳迎来18岁的时刻。他明白自己将来要去怎样的一所学校，也隐约看到一个水到渠成而又崭新的未来。

未来四年，在这所中国著名的工科大学里，肖凯完成了进入社会前最重要的积累，随时准备大显身手。

3 哈工大岁月（1998—2005）

二十二岁的肖凯，在深圳这座生猛鲜活的城市里，进行了一场创业前的历练，完成了人生最重要的成人礼。

"闷不吭声的学霸不见了"

1998年秋天,肖凯成为大家族里成绩最好的大学生,入读离家300公里的哈尔滨工业大学机械工程系。

开学前几周,肖凯背起行囊,踏出家门。尽管母亲一贯采取"放养政策",但她一想到孩子从来没有远离过家乡,眼泪就止不住落下来。这个时候,十八岁的肖凯虽然个子已经蹿到了一米八,但是身体非常瘦弱——一上秤,只有98斤。按他的话说,自己当时"长得很难看",颧骨高,身子窄。

尽管肖凯从小就挺有主意,但他几乎没怎么操心过生活琐事,这也是妈妈分外担心的。开学以后,宿舍里总有找肖凯的电话,妈妈在电话那头嘘寒问暖:"吃得怎么样?睡得好不好?"没想到,一年以后,肖凯放暑假回到家里,妈妈就再没有这样的忧虑了——儿子的肩膀宽了,身体变结实了,胳膊也变得更有力量,完全不是当初离家时的那个瘦弱的小男生。

肖凯一进大学就做了一件全家人都没想到的事情:健美。

当时的大学新生体育课,学生可以选择自己喜欢的运动类型,肖凯没有选择篮球、羽毛球或者网球,而是选修了健美课。哈工大的健美课如同现在大家在健身房做的力量训练,强调肌肉维度和美感。

健美课上,这些男孩子都会脱掉上衣,趴在地上先做上100个俯卧撑。接下来,再针对胸、背或腿的力量装上杠铃片,开始深蹲、卧推等力量训练。一堂课下来,力量消耗巨大。即便是精力最旺盛的男孩子,在拉伸完毕后,也常常累得在垫上动弹不得。肖凯虽然瘦弱,但是每次都咬牙坚持到最后。他大汗淋漓,内心却汹涌澎湃。

肌肉纤维一次次在锻炼中撕裂,又在接下来几天的休息日中渐渐愈合,并且回馈以更高的强度和力量。

这个刚入学时不到100斤的瘦弱少年,健美课一上就是两年。肖凯发现,自己的胸大肌、肱二头肌慢慢丰盈起来了。

让父母感到欣喜的是,儿子不仅是在身体素质上有了飞速提高,上大学没多久回来,整个人的状态都变了——他开始和家人主动谈论起了国家大事。在发表看法时,肖凯不光有清晰的观点,还会摆事实、列数据。要知道高中时期的肖凯,只是一个专注于学习的好学生,对学习以外的事情,他一概不热心——高中三年,肖凯和同学们除了讨论习题,大部分时间沉默寡言专心读书学习。他自己也开玩笑说:"大学第一年回到老家,高中同学一定都被我的变化惊掉下巴。"

肖凯在父母眼中变得成熟稳重,朋友来家里做客的时候,他们开始让肖凯一起招待。肖凯认为,这是爸妈对自己的认可。"有些家庭要是来了客人,一般都是父母亲自接待,很少让十八九岁的孩子来做这件事。"肖凯说。

让肖凯发生巨大转变的,是开学不久后的社团招新活动。哈工大的校园里,新生们都满脸兴奋,簇拥在每个社团展位前,辩论队、羽毛球社、网球社、登山社……刚上大学,一切都是崭新的。高中一直闷头学习的肖凯,现在把头抬起来了,而眼前的一切都是自己过去未曾尝试过的新事物!

肖凯沿着布置得各有特色的社团展位,一路收集了很多社团资料。他捏着手里花花绿绿的宣传单,心里已经有了个明确的想法:加入校园辩论队。

弟弟肖凌清楚地记得,哥哥当时雄心勃勃,一心想要加入其中。"他说起了很多在学校社团参加的活动,一提到辩论队就神采飞扬。"肖凌说。

哈工大机电工程学院的校园辩论队是肖凯报名参加的第一个社团,肖凯为了加入准备了很久。从图书馆到实验室,从食堂回宿舍,他都在默记稿子。想到立论精彩之处,肖凯突然出声,身边的同学都会被吓一跳。即便是洗澡,莲蓬头里的水花涌出来,浴室内蒸汽升腾,肖凯也会对着莲蓬头的方向,郑重地扬起手:"感谢对方辩友。"

肖凯在随后的辩论赛中代表机电工程学院与管理学院对抗,对手曾代表哈工大参加过国家级比赛,实力强劲。尽管最终没能赢过对方,但校园辩论队的训练让后来的肖凯受益匪浅,不管是家庭成员的聚会,还是重要会议中的发言,肖凯都游刃有余。

大学四年,肖凯的聪明勤奋加上他善于总结的能力,使他的学习成绩保持得很好,每学期都能拿到奖学金。但和过去不同的是,他把更多的时间花在体验各种新事物上,辩论队只是个开始。

/ 学 生 会

肖凯大二开学没多久,弟弟肖凌也上高三了。

很多家庭在孩子高考前,都会来一场动员会。于是,1999年国庆长假,肖凯的父母带着肖凌专门去了一趟哈工大,为他打气鼓劲。

这时候的哥哥肖凯已经是机电工程学院学生会外联部的副部长了,正在筹备竞选院学生会主席。弟弟至今还记得,肖凯向他细数了加入学生会对成长的种种好处,也记得肖凯当时昂扬如"打了鸡血"的状态。

肖凯竞选学生会主席的想法非常简单,就是希望培养自己的综合能力。校园辩论队的练习已经让他尝到了辩论时肾上腺素飙升的快感,参加学生会主席竞选是件更具挑战也更令他兴奋的事。

一般来说,中国大学的学生会主席竞选,通常是选举制,竞选人需要以自由演讲和答辩的方式为自己拉来学生的选票。这要求竞选者同时拥有清晰的思维、流利的表达和不卑不亢的动员能力。校园辩论队的高强度训练和肖凯雄心勃勃的斗志,让他成功获得了学生们的选票,当选为主席。

这个结果让不少同班同学都"吓了一跳"。在外人看来,他是一个腼腆的人。这个平时"不怎么和人聊天沟通的同学",怎么突然就成了拥有出色演讲才能的主席了?

大学四年，一个寝室中的室友同吃同住，往往能结下格外深厚的革命情谊。但是在肖凯的叙述中，他很少提及寝室生活，也没有刻意结交要好的朋友。

大学同班同学吴原当时就注意到了肖凯，尽管他和肖凯接触不多，但也产生了疑问——肖凯不太爱说话，但是又在大学生涯中表现出一种对社交活动的热情，热衷于组织和参加各种群体活动。

这种反差恰恰体现了肖凯拥有能随时"调用"表达能力的天赋。该说话的时候，他语言流畅，没有一个多余的语气词，同时又能直击要点，因此讲话总能获得众人关注。肖凯也清楚自己的这项能力，他评价这种表达能力像一种身体基因。在哈工大，这种与生俱来的能力被激发了——"过去只知道考大学，缺少这样一个环境作为载体，或者是一个偶然事件激发出了自己的潜能。"

可以说，这种能力从大学起一直伴随着肖凯。他只在重要节点展现出掌控力，绝不是无时无刻都在高谈阔论，期望聚光灯时时聚焦在他的身上。

肖凯能锻炼出这些能力的另一个秘诀是请教师兄——那些在学生会认识的、高他一级甚至更多的学长。大学四年，学生会成为肖凯最重要的身份认同来源，不仅因为他最耀眼、最光辉的时段都留在了这个组织，也因为他最敬重的学长、最要好的朋友也都来自于这里。肖凯会抓住一切机会向他们学习。

把肖凯招入院学生会的张仁鹏当时担任学生会外联部部长，成绩优异，后来担任过华为欧洲区的首席代表。另一个肖凯很钦佩的师兄叫冯杰鸿，"年年考第一，成绩好又长得帅，反正真的是很厉害"，肖凯今天讲起来还满怀赞叹。"学霸"冯杰鸿后来成为中国航天科工二院副院长。

学生会让肖凯充分展示了自己的能力，也为肖凯带来了超出同寝室、同班甚至同系或同年级学生的视野和人脉。师兄们的思考自然超过同级一般大学生的深度，肖凯的生活轨迹也因此变得不同。

/ 同 窗 情

那年考进哈工大机械工程及自动化系的150多个学生里，和肖凯一样出色的还有他现在的好朋友吴原。吴原来自国内的教育强省江苏，高考成绩位列高中全年级第三。比大学的部分同班同学高考成绩足足高了100多分。

吴原如今因为公务常去香港出差，和肖凯每隔一两个月会在香港或是深圳碰面，偶尔吃饭时聊聊各自的投资决策。但在当时的大学校园里，两人虽说同属一个专业，相交轨迹却很少，为数不多的相处是在篮球场上。

机电工程学院每年都会举办一场"机电杯"篮球赛。参赛队伍以班级为单位，机电工程学院旗下的三个系（机械工程及自动化系、机械电子系、仪器仪表及自动化系）一共有十几支队伍。肖凯的班里一共出了5名篮球队员，吴原和班长、团支书个子高，打得也好，是三名铁打主力，而肖凯担任得分后卫，与另外一名球员同是机动队员，根据其他班级的排兵布阵灵活调配。五个人共同努力，一举拿下了"机电杯"冠军。

球赛的胜利让几名球员成了校园里的风云人物，但他和吴原却分别代表两种类型完全不同的大学生，在四年时间里分别走向了两个方向。

吴原高考成绩拔尖，思维带着江浙地区的跳跃活泼，比起学习和社团组织，他更注重自我表达。上了大学后，远离家乡、脱离父母管束，突然膨胀的自我意识让他开始追求外表上的特立独行。在哈工大校园里，吴原穿着破洞牛仔裤招摇过市；在《古惑仔》和《流星花园》风行校园时，他模仿剧中的主人公陈浩南和道明寺蓄了长发，即便因为军训被要求剃成寸头，仍旧没有停止折腾，吴原又给自己染了一个樱木花道的同款红发。

吴原的反叛其实是一种对抗。他认为读机械工程系只是出于父母期望做出的临时选择，并不真正适合自己，而反抗的办法就是"混不吝"。因此，他在大学一直保持着"60分万岁"的心态，无须再努力向上，家人想让他再考研究生，他也毫无兴趣。大学毕业后，吴原去了辽宁忠旺集团，它是沈阳民营企业的代表，承包了几乎国内所有铝制外立面的建筑材料供应。

而肖凯永远带着"好学生"的光环。在吴原口中，他是那种"又红又专的选手"——和吴原追求叛逆自由的表现比起来，肖凯非常符合社会的主流价值判断。在大学以前，大家评判好学生的标准几乎只有学习成绩，肖凯专注学习，满足家人对他的期待。"那个时候（高中）读书就为了考大学。"肖凯自己回忆时也这么说。而上了大学的肖凯除了成绩好，拿奖学金，还额外参加了不少学校活动。

在吴原的记忆中，大学男生们总是以寝室作为一个活动单位出现。除了吃饭打球，寝室作为一个"非正式组织"，每晚都会有一场卧谈会。

2000年前后，电脑还是奢侈物件，上网要用一种叫作"猫"的调制解调器拨号，网速非常慢。学生们为数不多的消息来源便是《参考消息》《南方周末》和《环球时报》之类的印刷媒体。一大早印出来的油墨消息，在当天晚上就会成为男生寝室们讨论的热点。

每天晚上11点，寝室灯一黑，只要有人起了个话头，寝室里8个室友就会自动分成正反双方，辩论起来。众人旁征博引，说到激动处，声音穿透墙壁。"隔壁寝室还会窜来四五个同学，也要一起参与辩论。"吴原说。

20世纪初，塞纳河左岸的双叟咖啡馆成为当时巴黎人知识和文化的交接站。作家如海明威、乔伊斯、菲茨杰拉德，哲学家如西蒙·波伏娃和萨特都曾在那里喝着雪利酒抽着烟，畅谈时事，交流思想。而这一方小小的寝室，也上演着校园版的"流动的盛筵"。台湾问题、中美关系问题、中东问题……哈工大学子们话题的深度和广度绝非街巷的闲谈八卦可比。肖凯至今记得，1999年5月8日，中国驻南斯拉夫联盟共和国大使馆被炸那一天，他和同学们配合老师一起，当天夜里就发起了街头抗议。他们拥有忧国忧民的热血、对国际社会政治事务的热情和心怀天下的视野——当年的寝室颇有古希腊雄辩会的古典气象。

大学生活浪漫、单纯、激昂、沸腾。这些尚在象牙塔中的青年，怀抱着实业报国的理想，满怀一腔热血。肖凯没有想到，他很快将迎来人生的第一次转折，接受社会的磨炼——这个让他飞速成长的机会，远在三千公里以外的深圳。

二十二岁的创业成年礼

/ 白手起家

人们一提起深圳,仿佛就一直是现在这个年轻鲜活的样子——改革开放四十多年,深圳从一座荒芜渔村飞速成长为一座与北上广齐名的国际大都会,还同时享有"科技创新中心""区域金融中心"这样的称号。

今天的深圳的确是中国最年轻的城市之一:不仅建市时间短,年轻人数量占总人数比例超过60%,是大城市当中占比最高的。和已经显露出老龄化趋势的上海比起来,深圳是一座属于未来的城市。

但深圳也经历过一阵特殊性丧失的时期。《深圳统计年鉴》的数据显示,2001年至2005年,深圳常住人口的年均增长速度降到最低,仅为3.4%。在人口增长高峰期的1991年至1995年,这个数字曾达到21.8%。

更令当时的深圳人失落的是,2003年前后,在深圳本土发展起来的两大高科技企业——中兴和华为传出拟把总部迁往上海的消息。作为深圳的两大骨干企业，中兴和华为对有志于发展高新技术产业的深圳可谓意义重大。因此，无论中兴和华为要"弃"深圳而去的消息是真是假，都足以震撼直插云霄的赛格广场。

虽然今天再看，华为和中兴都没有离开深圳，但当时这样的焦虑并非无中生有——常住人口1 200万人的深圳，大学数量极少，更没有叫得响的研究生院和和科研院所。没有人才的地方，如何吸引高新企业留下？

20世纪80年代，深圳基本依靠调进各省市人才完成最初的建设。1982年，响起"改革开放第一炮"的蛇口工业区在国内各地及各重点大学公开招聘人才，打破了由上级部门调派干部的做法，首开新中国人事制度改革的先河。90年代，深圳依旧借力外援，引进重点大学人才迅速发展了金融业和高新技术等产业。综合型高校对一座城市的人才输出和知识氛围的营造不言自明，而此时的深圳要实现人才自我孵化，只能依托于成立于1983年的深圳大学。除此以外，深圳几乎没有一所拿得出手的高校。

高校的贫瘠状况在2002年以后逐渐得到解决。一方面，深圳重点引进海外留学人员以推动深圳的二次创业和发展，推出海外人才七大举措，着力打造国际人才"自由港"，例如2000年深圳出台的《关于鼓励出国留学人员来深创业的若干规定》，建立了国内首家中外合资形式的留学生创业园。到2002年9月30日为止，深圳市共引进了751名海外留学人员，这个数字比2001年翻了一番。

几乎同时，深圳地方政府在南山区东北部圈了一块20万平方米的土地，邀请清华大学、北京大学到深圳创办以全日制研究生为主的研究生院。时任清华大学研究生院院长的关志成接受采访时回忆,深圳市领导多次拜访清华和北大两所高校,提出由深圳市出地、出钱,清华、北大出人、出管理的方案。

2001年,清华大学和北京大学先后在深圳建立了研究生院。这两所顶尖大学很快在深圳站住了脚。2003年新学期开始后,清华深研院立刻迎来1 700多名学生入院就读。

同一时期,哈工大也有类似的计划,与清华、北大同在大学城里建校舍。2002年,哈工大深圳研究生院启动,第一批建校者面临着不小的压力。肖凯刚好大四毕业,这个年轻人很快迎来人生真正意义上的第一次磨炼。

时任机械工程系教授的赵万生作为第一任院长前往深圳。从1993年开始,赵万生就担任机械工程系的博士生导师,凭借专利发明获得众多国家奖励,是中国机械加工领域的领军人物。

在肖凯心目中,赵万生既是教育家,也是科学家。不管是他的课题还是实验室环境,都很受学生欢迎。赵万生培育学生也颇有方法,团队里不仅出了很多博士和硕士研究生,还涌现了不少大学内的免试推荐和专业内排名前几名的学生。

此刻,赵万生被哈工大寄予建校厚望。他心里很清楚,要让大家认可哈工大深研院,需要有区别于清华、北大两所高校的办学特色。于是赵万生带了支"核心团队"奔赴深圳。团队成员都是他眼中的精英,一共6人,除了赵万生,还有两位副院长、一位会计、一位出纳、一位行政管理人员。

建校相当于一场创业,构思办学特色、招生管理、组建教师团队⋯⋯一切都需要从零做起。尽管挑选的每个人都很得力,但如此精简的队伍对于尚未成形的深研院来说，依旧忙不过来。

于是，肖凯作为赵万生手下综合能力最优秀的学生，也成了深研院的首批工作人员，和老师们一块儿去了深圳。这是一个被选拔的过程。和不少面临本科毕业的大学生一样，肖凯抱着"有好工作就工作，没有工作就读研"的两手准备，事实上，他的选择并不少。他同时报考了研究生考试，入选了知名外企的管培生面试，手上还有一个被推荐去做公务员的机会。而深研院某种程度上类似人们常说的"保研"资格，肖凯并不想放弃。

事实上，当时同期报名去深圳研究生院的还有不少有组织经验的年轻教师，而赵万生最终只招了肖凯这一名助理。在回想深圳往事时，赵万生提及了当时选择肖凯的原因："首先，肖凯在那届学生中非常突出，学习成绩好。其次，他做事非常有条理，跟他在一起工作的人都赞不绝口。"在赵万生眼中，肖凯既踏实，思维又活跃，总怀抱探索新世界的渴望，"有机会就打到深圳"。肖凯至今感激信任他的几位老师，"有贵人在后面推着你，让年轻人少走弯路"。

从2002年7月到2003年8月整整13个月，肖凯都待在深圳，直到他回到哈工大总部完成硕士论文前。同一届同学都按部就班念书，或是即将迎来自己职业生涯的起点，肖凯则站在一个更广阔的平台上接触了同学们无法触及的工作环境。一如深圳宣扬的创业精神，野生、鲜活。与其说他在当赵万生的学生助理，倒不如说他参与了一次白手起家似的创业实践。

深圳研究生院是哈工大在哈尔滨以外地区设立的唯一一所异地办学的研究生院。校企合作的办学模式可以上溯到19世纪末期，学校和企业之间大规模正式合作也早在20世纪70年代末期就开始了。不过，哈工大深圳研究生院却是首次尝试。

和任何创业团队一样，除了基础的分工，团队成员们的工作职责并没有那么明确，赵万生说："大家遇到什么事就解决什么。"幸运的是，在烦琐的事务中，大家都找到了各自的方向。

肖凯的角色延续了他本科时在学生会的管理经验——区别是，这次，他要管理比自己大一届的研究生学长们。

当时包括深圳大学城的研究生们基本上都遵循这样的轨迹——先在大学本部学习浸染一年，再到深圳研究生院继续攻读两年，才能拿到毕业证。2002年，第一批到哈工大深研院的研究生已在哈尔滨上了一年文化课，到深圳做课题时相当于研究生二年级，而肖凯当时还是个念研一的学生。

他20岁出头，既需要学习管理、考核学生的技能，譬如制定学生纪律或组织党建团建活动，还得学习了解研究生的培养计划支援学科建设。事实上，赵万生对这个才20来岁的年轻人无比信任，放手让肖凯去做。从学生招募到学员考核，再到组织活动等学生工作，肖凯都深度参与。

在哈工大深圳校区成立前，深圳研究生院和深圳市政府签订了校地协议，需要和政府共同管理学校，因此学校每年必须召开理事会会议，和政府共同商讨重大决策。肖凯负责对接当地很多政府部门，包括接待市规划局、教育局、财政局等部门的领导，和他们打交道的过程中，他的沟通协调能力不断提高。肖凯说，这样一个环境，"使得我这个年轻人有了别样的成长"，对后期的自己也有很大帮助。

据赵万生回忆，出发前，大家对困难有足够的预判，"实际困难远远超出大家的预期"。研究生院从2001年起建，在2002年5月份开始启用，但赵万生他们到了深圳却发现，校舍和办学场地都还没有建成。

好在同位于南山区的深圳国际创新技术研究院给了深研院很大支持。前者又叫哈工大创新研究院，是由深圳市政府和哈工大发起并联合俄罗斯、乌克兰等八所国外高校合作创办的科技创新、人才培养和产业化基地。时任创新研究院首任院长的张华临时划拨了两层楼给深研院，这才让老师们有了办公场所。就连实验室，也是从创新研究院借来的。

那些已经在学校学完相应课程，需要留在深圳做课题的130多名学生又该怎么办呢？赵万生就在当地租了蛇口工业区的公寓给学生们做宿舍。

为借助资源而去各地跑动，肖凯既要做助理，又要和国际合作做对接，与不同高校联系，他结识了一批比自己年长、在不同领域工作的前辈，并如饥似渴地从他们身上学习做事的方法和见解。幸运的是，这些前辈没有将当时的"小屁孩"拒之门外，这种综合能力的训练，在未来肖凯创业的初期发挥了重要作用。

/ 校 企 实 验

硬件方面的困难逐渐克服，更大的挑战来自于校方对办学质量的期待。清华和北大已经在深圳设立分院，哈工大的办学目标和办学特色一定不能低于这两所学校——这也是当时深研院团队的目标。

赵万生和团队成员们起初就明确了深研院的办学目标，今天看来，它也是非常正确的选择：既然在深圳办学，一定要根植于深圳的土壤。

深圳从荒芜的蛇口起步，这个地方曾是20世纪50年代"逃港者们"冒险的起点，如今已经变成一个高楼林立、房价高企的城区。"时间就是金钱，效率就是生命"的口号之下，蛇口快速工业化。但从全市范围来看，贸易和流通业才是深圳经济发展的主流。

同时，深圳毗邻香港，凭借土地、人工成本低等优势，发展以轻工、服装、手表等劳动密集型产业为主体的"三来一补"工业，劳动密集型的三资企业持续涌入。

1984年，邓小平考察南方，视察了深圳、珠海、厦门三个经济特区，并分别为三个经济特区题词。他给深圳的题词是："深圳的发展和经验证明，我们建立经济特区的政策是正确的。"从这以后，关于深圳发展道路的争论逐渐淡化，深圳也打破了从前依靠外贸出口的产业格局，继续发展"三来一补"的同时，开始和中国科学院合作发展技术密集型产业。

当时，深圳电子信息产业汇集了一批国企、外企与民企，电子信息产业大有成为深圳工业主导产业的趋势，但同时散乱低效的现状又使得深圳电子信息产业难成气候。20世纪80年代末期，小规模的交易市场已经不能满足深圳电子信息产业的发展需要，一家专业的交易市场呼之欲出。

1985年，马福元从电子工业部南下深圳，出任电子工业部深圳办事处主任，兼任深圳电子集团董事长、总经理。他用市场力量整合了深圳电子集团——这个日后被人熟知的赛格电子集团，在3年后就吸引了内地160多家厂商和10余家港商进驻，在华强北路开展电子元器件市场化交易，为深圳电子企业配套。这成了奠定深圳"硬件硅谷"的基石——全国各地的电子企业纷纷跑到"华强北"拿货，最终带动20多个电子市场集聚于此，华强北成为"中国电子第一街"，鼎盛时期一天客流超过100万人次，年销售额达370亿元人民币。

2000年前后，以深圳为中心的珠三角东岸已经逐渐形成电子信息产业集群，仅深圳的电子信息制造业就在2008年实现规模以上工业产值6 306.8亿元。而且区别于长三角的外资企业，深圳的产业集群都是中资企业主导的，除了赛格，还有华为、康佳、华强和飞亚达等。

面对深圳工业急速发展的大好机会，哈工大深研院提出的人才培养、专业设置和应用研究方向，都试图和深圳当地的产业接轨。

当时，一般传统的研究生课程都是在实验室中进行，搞课题、做实验，很少进入企业。这种人才培养方式的结果是，很多学生在研究生毕业后进入企业，依旧需要一段时间适应企业氛围和工作节奏。

深研院则采用了"双导师制"的创新培养模式。除了在学校里有一位导师，学生在深圳各大企业的研发部门内，也有一位辅导老师。辅导老师需要拥有一定资质，譬如有研发经验的主管。学生们就在企业的研发部门和员工们一起参与最新的研发项目，一边实践，一边学习。

在赵万生的设想中，在企业的研发环境下，学生能将课本上学习的基础理论直接应用到实际的研发过程当中，既能及时获得开发产品的最先进的技术，还能缩短进入社会的适应期。当然，校企合作是一种双向选择，学生可以选择企业实践，企业也需要对学生进行面试挑选。

这样的人才培养模式被保留到今天。从深研院第一届学生到现在，学生们的课题可以选择在企业中完成，他们在校企合作中为企业解决了1 400多个技术难题，项目经费超过3亿元。目前哈工大深研院已经和800多家企业开展了实质性合作。这些和哈工大有诸多业务合作的企业不少是电子信息产业的龙头，包括华为、中兴、赛格等，以及后来的腾讯。

事实上，在2002年，包括德国在内的很多欧洲国家都在用这样的联合培养模式，但这种方式对国内高校来说，概念还很超前。哈工大过去也从未施行过类似的模式，谁也不知道校企合作这种模式究竟结果如何。一些学生还表达了质疑，他们认为，学生在学校就应该掌握理论知识基础，而不是提前进入企业"打工"。

也有企业不理解这种模式。一些企业认为，毫无实操经验的学生被送到企业研发部时，自己需要付出时间和人力成本培养他们。赵万生要做的，是走访深圳各家企业，不断调整企业的期待，说服他们接收这样的"小白实习生"。

也有企业对深研院学生过度期待，他们希望和学生直接签署合同。赵万生必须明确拒绝，并且事前提醒可能存在的法律风险：学生们还在学习中，不能签订任何雇佣合同。深研院和各企业签订的是一份"联合培养协议"，学生依然是学生，如果表现好，企业可以等学生们毕业后再留用聘请。

从这项创新的结果来看，不论学生、校方还是企业都相当满意。当哈工大迎来第一届硕士中期评估和硕士答辩时，哈工大总部派院士和导师到深圳检验教学成果。老师们到了现场时都眼前一亮——这些学生甩开了稚气，开始拥有职场人士的"修养"，个个穿着西装，打着领带。面对老师们的问题，他们都对答如流。毕业答辩之后，哈工大本部的教授、老师们，包括张乃通院士、杜善义院士都对深研院培养出来的学生做出高度评价。

赵万生将学生们的优秀表现归结于校企合作的影响："深圳当时创新创业的氛围非常浓，企业不会去模仿抄袭别人，都是自己研发创新，因此带动了学生们在整个大的浪潮当中能够冲到前面，学到东西。"

毕业以后，深研院的学生们大部分都留在了深圳。比起同期研究生，经过历练的学生工作待遇往往都要更好，薪水高，晋升快。哪怕是在学术上，学生们也因为得到锻炼而站到了更高的起点。赵万生记得，其中一位女生因能力强、性格开朗受到了老师们的青睐，就连因为实验室工作强度过大而多年不招女生的张乃通院士都破例动员她继续攻读博士。

经过这批"小白鼠"实验，赵万生最终决定将校企合作模式确定下来作为一种培养模式。直到现在，这些在哈工大深研院的学生依旧可以自主选择，是走"实验室路线"或是"校企合作路线"。结果证明，选择到企业实习的学生非常多。

校企合作培养制度不仅让学生们拥有直接面对社会的能力，还让企业发现了原本可能会错过的好苗子。在首次校企合作成功后，很多企业家还主动找到赵万生，也希望能被列入校企合作的名单中。

/ 风暴后的"硕果石"

赵万生如今在上海交通大学任教，相比当时在深研院期间，如今的教学工作相对轻松。他在深圳只待了两年，就已经深刻感受到创业的艰难,"建院压力非常大,很多老人身体都出现了毛病"。

两年里,他和团队所有人都在为创院奔走。肖凯作为其中一员,和初创团队经历了那段特殊岁月,尽管年轻,但表现非常成熟。赵万生回忆说:"我们一起经历过很多艰难的岁月。他从来没有叫过苦,也没有发过牢骚,都是跟我们一起去拼搏。年轻人做的事情反而更多。"

那段时间里,建校团队还经历了一场始料不及的风暴。2003年,非典爆发。

深圳当时形势严峻,感染人数持续增加。此时人人自危,这些在深圳念书的学生大多从未离死亡如此之近。更令人不安的是,当时深圳大学城的BBS论坛上有人发布了一些谣言,加剧了学生们的紧张情绪。

作为深圳团队的带头人,赵万生希望直面谣言,消除大家的焦虑。在社交媒体并不发达的当时,要以最快的速度辟谣,赵万生只能将学生聚在一块儿。但是非典期间,封闭的公众场合无法进行集会,赵万生便召集学生到了深圳南山的露天体育场开会,当面打消同学们对谣言的恐慌和疑虑。

此外,团队成员还主动接触学生,坚持与他们共度非典时期。深圳市形状狭长,学生住得很分散,有的住在南山,还有的住在福田。团队成员就挨个走访学生宿舍,派发口罩、板蓝根和一些预防药品。一些年轻的老师还住进了学生宿舍,目的就是坚定学生们的信心。有个学生因为发烧被隔离,老师也主动搬进隔离区内陪护,避免学生太过孤独。

直到2003年7月,事情才渐渐平息。深研院的团队成员们不仅要冷静面对危情中的不确定性,还要安抚学生面临可怕疾病的恐惧。多重压力交杂,所幸团队采用了积极的态度应对,没有被击垮。

肖凯也在其中,不断给学生做心理疏导和行政支援。在他看来,创业的艰难和非典的恐慌中,大家必须抱团相互鼓励,才能克服眼前的诸多困难。如果"不齐心协力,很多事情都做不成"。幸运的是,在非典风暴中,哈工大深研院全体教职工和学生没有一例被感染。

如今回想起来,深研院前两届学生获得的资源非常有限,条件艰苦,但从某种意义上说,他们又都是幸运的。这两届师生关系非常融洽,赵万生形容他们像自己的孩子一样。2003年春节,肖凯没有回东北老家,就和赵万生一家人在深圳一起过年。"反倒是走上正轨以后,各种各样行政上的事使得大家对每个学生的关注会少了一些。"赵万生说。

西丽大学城尚未建起前,哈工大深研院所在的位置有一片荔枝林。在建起教学楼后,校方依旧在原地保留了一小片原生的荔枝林。说来很巧,施工队在打地基时,从土里挖出来一块圆圆的大石头,酷似荔枝。于是校方找来人,将石头打磨圆润,露出深红色的肌理,之后,在表面上刻上了130多个首届学生的名字。

"我们给它起名'硕果石',象征在大家的共同努力之下培养出的大学生。"赵万生说,现在他每次回深圳研究生院,都会去看一看那块石头。

这段在深圳工作的日子,肖凯收获的指导并不仅仅限于学术。肖凯写任何一篇文章,赵万生细致到连标点符号都会做出修改,有时一改好几遍——这在一般人的研究生阶段非常少见。于是肖凯在读研究生时对自我的认知逐渐被刷新:"我读本科时,觉得自己写东西还是很牛的,但后来发现还是有很多问题。"赵老师的细致严谨让肖凯对自己的要求也越发严格,在后来的人生中成为一种习惯。

一直到今天,肖凯都在保持这种认真,员工们交上来的报告,符号、措辞、内容再到格式,他都会全部修改一遍,"他们有的时候都受不了"。尽管遭到一些小小"抱怨",但这种对细节的追求让肖凯身边的人觉得他做事靠谱认真。

在深圳研究生院的日子,肖凯见证了赵万生老师调用资源、白手拼搏的能力,并且参与其中。他回忆道:"当时做的事情是别人工作5～7年之后做的事情。"22岁的肖凯,在深圳这座生猛鲜活的城市里,进行了一场创业前的历练,完成了人生最重要的成人礼。

更重要的是,这段经历展开一个新可能。本来肖凯人生规划的终身事业平台就在哈工大,但深圳的经历为他打开了一扇崭新的大门。

4 磨炼（2005—2010）

博士退学，即便是在很多年以后都被肖凯评价是人生最低谷的时期，但这个低点也宣告了懵懂和被动接受状态的终结。触底反弹，肖凯不再沉溺于痛苦和纠结，而是有了很多现实的思考。

两次签证被拒

2005年,肖凯的研究生学业即将结束,身边同学有人选择继续在国内攻读博士学位,也有人选择直接进入职场。而他的心里早已有了答案——去英国深造。

事实上,出国的想法是肖凯去了深圳研究生院之后才萌生的。

哈工大深研院进入深圳时,为了开创办学特色,学校不仅设立了校企合作的模式,还开始做出国际化合作的尝试。2002年7月前后,深研院委任梁秋茹老师作为国际化项目负责人,和一批来自英国、澳大利亚和中国香港的大学谈合作。校领导们希望筛选出一批优秀学生,通过国际合作的方式联合培养出专业人才。

肖凯在深圳研究生院的时候,不仅是赵万生的学生助理,同时也在国际化项目中协助梁秋茹处理各项工作。他的工作范围非常广,时常要在教授忙不开时负责接待来自海外高校的校长、副校长或是招生负责人,为来访者协调会议场地、安排食宿等,也需要在他们来访过程中担任翻译或助理。

和高校教师们的直接接触，让肖凯对几所海外大学产生了兴趣。因此，在还没有毕业时，肖凯就申请了英国的几所高校。

通过老师们的推荐和自己的努力，肖凯顺利地拿到了两份录取通知。第一份来自伦敦玛丽女王大学。这所大学是最早一批和深研院合作的高校之一。作为伦敦大学四个核心学院之一，它是有着"英国常春藤联盟"之称的"罗素大学集团"的成员之一，同时和牛津大学等英国名校一样，也属于科学与工程南联盟(SES六校联盟)。在2005年的QS世界大学排名中，伦敦玛丽女王大学位列第99位。一直以来，工程学是这所学校热度极高的优势学科，历届校友中，有8位诺贝尔奖得主。"光纤之父"，同样是华人的诺贝尔物理学奖得主高锟即是其中之一。

另一个同意录取肖凯的是英国曼彻斯特大学，它是英国最著名的几所大学之一，也是罗素大学集团的创始成员。

肖凯最终选择了玛丽女王大学，除了这所学校的工程学排名优异外，另一个重要原因是，对方承诺提供给他一份全额奖学金。

2005年，英国大学对中国学生开放的奖学金名额非常有限，大部分去英国的留学生都是自费。直到2014年，伦敦玛丽女王大学与中国国家留学基金委员会提供给联合培养博士生的全额奖学金名额，也不过八十多位。

当时肖凯连雅思、托福、GRE等这类语言考试都没有参加，但玛丽女王大学在面试了肖凯之后，认为他达到了成绩标准，表现也不错，于是免试英语将肖凯破例录取。因此，肖凯没有再打算去补考英语，也没有咨询任何留学机构。

就在他认为万事俱备，只等拿到签证远赴英国开启新旅程的时候，意想不到的事情发生了。

签证官拒绝了他的申请。

如今回过头来看，被拒的原因可能正是当初玛丽女王大学提供的奖学金和英语免试的"特殊优待"——签证官认为他与英国本土的联系太过强大，因此判定他有移民倾向。

肖凯并没有放弃，埋头准备第二次签证申请。结果这一次，英国发生了一件大事，再次阻断了他前往英国的路，也影响了肖凯未来好几年的选择。

2005年7月7日，伦敦时间早上9点15分，伦敦发生"连环爆炸案"。包括四名恐怖袭击的实施者在内，伦敦地铁爆炸案共造成了56人死亡，700多人受伤。这次爆炸也是继1988年洛比克空难（恐怖分子针对美国泛美航空的袭击造成了270人死亡）以来，英国单次袭击死伤人数最多的一次事件。

当地政府立即关闭了整个地铁系统，并向伦敦市民发出警告，要求市民尽量不要上街，伦敦市外的民众如无必要不要前往伦敦。英国医院系统也进入应急状态。

当年遭遇"9·11"恐怖袭击之后，因发现国际恐怖组织成员利用学生签证入境，美国国会收紧了赴美签证的发放。面对恐怖袭击，英国也采取了类似的政策，英国大使馆对于外国公民进入境内的申请大多拒签，去英国这条路被堵死了。"我也没有再去尝试。"肖凯说。

此时正值初夏的七月份，已经过了国内外高校秋季入学的招生季，也过了企业每年的校招时间。肖凯花了一年时间做的出国准备统统没有派上用场——他压根没有准备其他后路，自然也没有找工作，"当时做的一切都是为去英国做准备"。

也许有人在这种情况下会乱了手脚，试想一个二十出头的年轻人，原本前途大好，远渡重洋的行李箱里都装满了信心和期望，突然之间，三百多天的努力瞬间付诸东流，出国留学的大门猝不及防地重重关上。

肖凯也焦虑，但他迅速开始在脑海里搜索解决方案，很快做出了另一个决定：去香港读博。

他想到了自己在深研院负责接待时，认识的香港科技大学工学院副院长金章教教授和负责招生的主任孙庆平教授。肖凯很快和这两位教授分别说了自己的情况，教授们很快回复："要不要到我们这里来试试。"和玛丽女王大学一样，香港的学校也为这个年轻人提供了一份全额奖学金。

1998年，香港回归第二年，当地高校允许内地学生前来就读，并采取委托内地高校代为招生，国内高校把一些已经考入该校的优秀公费学生推荐给香港高校，后者提供奖学金。这种试探性的代招模式持续到2002年，当时国内的学生热情并不高，每年去香港的人数维持在三四十人。

真正吸引大批内地学生奔赴香港念书的是2003年教育部颁布的一项政策——这一年，教育部正式批准香港大学、香港中文大学等8所公立大学面向内地招收自费本科生。自主招生政策放开后，奔赴香港高校念书的内地学生数量呈现快速增长。香港大学教育资助委员会官网显示，1998年，只有36名内地学生获得资助入读香港高校。2003年新政策甫一出台，当年入读香港高校本科的内地生数量就有842人，2008年则达到了3 363人。

由于招生渠道还不够丰富，这些高校依然会通过国内大学联合协助招生。从2005年开始，香港科技大学机械工程系委托哈工大深圳研究生院进行硕士招生，每年都有30~50个哈工大的本科毕业生被推荐到香港科技大学的机械工程系读硕士学位。

肖凯就是在深研院协助招生时认识了上述两位教授。实际上，在短暂的工作接触中，两位教授并没有时间和机会了解肖凯的科研能力——他们认可的是肖凯的综合能力。香港科技大学每次招生讲座、招生推广，肖凯都在其中帮忙协调、统筹，他表现出来的条理和稳妥，教授们都看在眼里。

赵万生教授曾表示，教师们都对这个靠谱的学生赞赏有加，也非常乐意在学历提升方面给肖凯提供深造机会："大家都很重视对他的培养。他在各个方面都表现得非常优秀，敢于探索，敢于担当，遇到事情的时候，从来都是冲上来。他走到哪儿，都很受欢迎，大家都觉得是很不错的一个小伙子。"

另一个说服教授们招收自己的理由，肖凯认为是玛丽女王学院的奖学金背书。"都拿到英国学校的奖学金了，那这个人到香港也不会差，对吧？"肖凯说。

尽管此时肖凯已经错过2005年9月的入学季，他还是赶上了港科大9月份秋季的申请季，拿到了全额奖学金，成为孙庆平和金章教教授的博士生，并且在2006年1月份顺利入学。

肖凯向来自诩理性派，而这回他像身处一个不知何时关闭的港口，紧迫感让他捏着船票就跳上一艘最近的船，不假思索——哪怕这艘船去的不是自己最理想的目的地。

当时，这看起来是一个很不错的结果——在遇到不可抗力时，肖凯没有硬碰死守，而是及时掉转船头，寻找出路。但肖凯事后回忆起来，这个退而求其次的选择直接导致了自己人生中最重大的挫折。

"问题很快出现了。"

"我当了科研逃兵"

肖凯在哈工大念了六年的机械工程系,根据他给自己规划的深造路线,在港科大也选了一样的专业。但实际上,看起来相同的名称,两所大学的机械工程系却有完全不同的课程设置。

这种差异可以说是城市本身带来的——香港和哈尔滨处在不同的工业发展阶段,决定了两地的高校课程的研究方向:香港做的是力学研究,例如肖凯的导师主要从事固体相变力学的理论与实验研究,需要依托纳米材料和力学背景。这一领域与国际的理论研究方向更为接轨。而哈工大讲求理论与实际应用的结合,因此课程更偏向于制造和精加工,在工业设计和工业工程等方面较为擅长。

在哈工大的本科到硕士研究生期间,肖凯只修过两门关于材料和力学理论知识的课程,而且课程内容简单,"对他们(香港课程体系下的学生)来说,就像小学生的教材"。

当现有的知识储备和香港科技大学的研究方向不太一致时,肖凯丧失了过去好学生的优势。而且肖凯发现,这并不仅仅是外部原因,也不是学习能力的问题，而是因为他没有形成"科学素养"，"我没有定力钻研，还是太浮躁"。

在香港科技大学，对肖凯来说属于老本行的专业，他都得了A，但在力学材料和纳米材料的课程上，肖凯再怎么努力，也只考了个B+。这时候，导师孙庆平教授不建议肖凯继续在同一个方向继续了，向他推荐了机械工程系的另外一位教授。

"悲剧就来了。"肖凯说。

在这位导师名下，肖凯一共发表了包括一篇被EI收录在内的三篇学术文章。按理说，这已经达到了博士生资格考试的基本条件——在国内，要成为一名博士生，必须得通过资格考试，并且按照学校要求在权威学术期刊发表2篇或以上的论文——但这名导师认为肖凯做的研究工作还没有到位，达不到他要求的条件。

肖凯对这个结果并不认可。两人对博士生标准的判定不同，又无法调和，因此产生了沟通上的不愉快。

肖凯也开始质疑导师的学术水平。这名导师90年代中期就已经博士毕业，但直到肖凯入学的2006年，他依旧是一名副教授。肖凯认为原因是这名教授"学术水平一般"，另一个原因是，"他从事科研工作这么多年，都没有学生从他那里毕业"。

好学生肖凯开始焦虑："我应该怎么办？我的未来怎么办？"未来在那段时间是最困扰肖凯的问题。当时肖凯已经为自己铺设了一条明确清晰的职业发展路径：博士毕业以后，他就回哈工大当一名大学教授。他认为自己做的一切准备都是在沿着这条路向前走，就等着开花结果。

前路突然斩断，给了肖凯迎头一击。

迷茫加上自我否定让肖凯心态失衡。他已经28岁，在香港待了两年，如果什么都得不到就铩羽而归，所有付出的努力都无法追回。按照世俗定义的成功标准，不少同学已经结婚生子，或者有了不错的事业发展，这种对比更让肖凯被负面情绪笼罩。学术上周而复始的挫折，同辈无影无形的对比，父母殷切如故的期望，让本来就脆弱的、已近而立之年却无限迷茫的肖凯没有任何安全感。

这段攻读博士的经历成为肖凯口中"人生目前为止最大的挫折"。在他的个人简历中，甚至都没有体现在香港科技大学的这段学习经历，而是写上了"助理研究员"的身份。

"淬炼"之下，他很快做出了人生中的重大决定——退学。

一连串问题也接踵而来。

是回到内地找份工作，从零开始，还是在香港留下？

在香港留下的话，应该选择继续念书，还是直接工作？

肖凯一时找不到答案，低迷了一阵子。这段时间里，肖凯的口袋里一度只有500港币。肖凯的妻子（当时还是女朋友）是他在香港科技大学同一个实验室的同学，并没有因为肖凯的低落和窘迫而选择离开。她安慰肖凯："这两年你就当度假了嘛。"

伴侣的宽慰陪伴让肖凯静下心来思考问题。几乎是同一时间，香港科技大学发生了一起事件，让肖凯突然警醒。他清空了之前所有妄自菲薄的念头，脑子里顺着所有选择的可能性把路都走了一遍。

铁的意志向前

在香港读博受挫，并不是肖凯一个人面临的窘境。

事实上，博士毕业之路道阻且长。根据教育部的数据统计，2006年到2010年，中国大学的博士未正常毕业率维持在56.4%到60.9%，也就是说，即使肖凯继续念书，也面临着接近三分之二的概率不能如期毕业——这个趋势在过去十年有愈演愈烈之势。2017年，未正常毕业率是65.9%。

经过深思熟虑，肖凯的目标渐渐变得坚定：他要留在香港。

这是一座特别的城市。这个东西方文化交汇的十字路口，繁荣、现代，享有法治的广泛保护；香港本地居民祖籍多为东莞、新安等地，承袭了广东地区的传统习俗和文化氛围，同时也保留了最传统的中国文化。香港永久居留权对内地学生来说也极具吸引力：香港永久居民持有的的香港特区护照，对全球140多个国家免签证。

但要拿到永久居留权，可不是那么容易的。香港特区政府规定，需要在香港连续居住七年才能获得香港永久居留权。一般来说，内地学生获得居留权的途径，是在香港完成四年大学学业后，继续在香港工作三年。

既然决定要留下，肖凯就重振旗鼓。他做出了一项能够更容易留在香港的职业发展规划，踏入被香港人视作最能获取财富的行业——金融业。

香港从轻工业和贸易起家，但从二十世纪七八十年代开始，香港接连解除汇率管制、放开黄金进出口，而后建立商品期货市场、放开银行牌照，香港逐步成为一个自由港。因为经济上的特殊地位，香港成为全球大型金融机构进入中国内地市场的门户，集中了500多家本土、中外资投行券商。

作为国际金融中心的香港，回归20年间，金融业生产总值年均增速是同期GDP的两倍。银行、保险、基金业的资产、收入等都在快速增长。香港的金融地位得益于它的地理位置。香港、伦敦、纽约三大国际城市将全球时区平均分成了三块，这三座城市的交易所在不同时区上演永不落幕的交易故事。

整个金融行业创造了大量就业机会，高薪神话和优渥生活也吸引了当时最聪明的头脑。不管是否拥有金融行业背景，总有年轻人奔赴而来。自1997年香港回归以来，截至2019年中，有超过150万内地人移居香港，其中100万人拿到香港永久居民身份，为香港的经济发展贡献了他们的活力与才能。

但进入金融行业，意味着肖凯要跟过去彻底告别。

这个28岁的博士落跑青年，如今白纸一张，和那些本科毕业的应届生站在同一条起跑线上。肖凯清楚自己的处境。"我必须要快速前进了。"这句话如一柄利剑，一直高悬在肖凯头顶。

肖凯为自己画好了蓝图，立马就开始自学起了CFA（特许金融分析师）的课程，更是主动关注证券行业的财务管理和投行业务等方面的知识。他还完全转向了一个与过去完全不同的专业，申请了香港理工大学应用数学系精算与投资专业的硕士研究生。肖凯相信，数学系和金融行业的关系近，毕业后能在香港"高精尖"行业中发挥用武之地，譬如精算行业、保险产品的定价或是金融衍生产品的定价等。

肖凯从香港科技大学退学的时候，已经是6月份，距离香港理工大学7月底的招生截止日只有一个月左右。时间紧迫，好在肖凯通过哈工大深研院认识了香港理工大学应用数学系的杨教授，并在杨教授那里，知道了应该准备些什么材料，因此他得以第一时间去学校递交了材料，也在有限时间内快速拿到了一份录取通知。"我找他不是为了走后门，而是要知道怎么弄才能来得及做准备，我自己找的话，可能会浪费时间。"肖凯的主动为他争取到了足够时间，赶上了截止日期。

肖凯自己都没有意识到，他在深研院展现出来的认真负责，在关键时刻都帮了自己一把。他在深研院时接待这些老师并没有想到将来，当时只是做一份本职工作。但他待人接物的沉稳作风和不卑不亢的态度如同无意间播下的种子，日后在恰当的时候开花结果。

事后回忆起换学校这件事，肖凯感叹人生进程几个转折点里的"机缘巧合"，充满感恩之情："所以人生就是这样好，真的要感谢很多人。"

尽管肖凯选择的应用数学系和机械工程系是两门完全不同的专业，但他扎实的数学功底让他能轻松拿下应用数学系的研究生课程。"还好我当年的数学功底很好。"肖凯高考时，只差一道选择题，数学就能拿到满分。他也非常感谢在哈工大几年来打下的学术功底，让他这个机械工程系的学生有足够的底子跟上另一门专业的课程。

短短几个月内的打击、颓废、迷茫、重振旗鼓——肖凯对远在哈尔滨的家人只字未提。离家这么多年，他习惯了对父母"报喜不报忧"。他明白父母对他的期望，"不好意思也不敢与家族汇报自己当时大胆的决定"。直到最终确认自己在数学系的学习中游刃有余，肖凯才跟家人汇报。

肖凯在港理工开学的几个月后，给弟弟打了个电话，语气平静地说了过去几个月自己的心路历程——肖凌当时没觉得惊讶。在他眼中，哥哥做的选择一定不是基于冲动，一定是经过反复权衡的。"哥哥有足够的能力掌控任何事情。"

弟弟的猜想没错。

博士退学，即便是在很多年以后都被肖凯评价是人生最低谷的时期，但这个低点也宣告了懵懂和被动接受状态的终结。触底反弹，肖凯不再沉溺于痛苦和纠结，而是有了很多现实的思考。

"大学时候回馈社会的情怀也没有变，小时候家庭熏陶的对文史哲思的兴趣也没有变，哪怕人生最低谷的时候都没有变过。但经历了这一次，我有了很多重大的思考，想要为自己后面几十年的人生负责。"肖凯说。

他的人生思考已经开始有了主动性和"攻击性"。这次,肖凯比过去任何时候都想要紧紧抓住命运,随时采取更积极的行动,"已经决定了,就要以钢铁般的意志向前"。

5 香港创业新篇章（2010—2016）

从小时候起,肖凯总是希望能成为组织里排在最前头的那个角色。既然在投资这个领域没法做到最好,那就换一个赛道——创业。

人生按下加速键

2003年，香港开放对自费内地学生来港读大学的通道。从此以后，这座城市就在不断调整就业政策来吸纳内地的优秀人才。

对于急切希望通过进入金融行业从而留在香港的肖凯来说，这个规则的修订是个大好机会。按照他的计划，他顺利通过面试成为英皇证券集团财富管理有限公司的实习生，也因此成为第一批拿到工作许可的学生。

及时转型的肖凯运气不错，他不仅抓住打工政策放宽的窗口期，还恰好赶上香港金融市场结构的变化。

很长一段时间里，香港的金融市场都由外资金融机构主导。中环——香港金融业的代名词，一度是外资金融机构的大本营。但在过去十五年里，香港的金融业越来越依赖内地市场，原因很简单——越来越多的内地公司赴港上市。

《21世纪经济报道》2011年的一篇报道显示，2005年起，包括中石化、工商银行在内的内地大型国企、非国有银行、民营房企纷纷赴港上市；2009年底，内地民企在港上市271家；2010年底，增加为327家。香港联交所数据显示，截至2011年10月底，在港上市的内地公司合计占港股上市公司总市值55.1%；到了2018年，香港市场1 900多家上市公司中，内地的上市企业数量就占了一半以上，市值占64%。

上市公司的结构变化，促使香港的券商公司开始拓展内地业务。为了更方便和内地公司沟通，跨国公司和银行积极招募来自内地的毕业生，而非本地居民。即便香港毕业生和内地毕业生受过同水平的专业训练，企业也会认为，内地毕业生更容易理解内地客户的心理，也更容易促成来自内地企业的生意。

如果说过去粤语和英语是香港金融业的通行语言，那么现在香港的公司需要一批能够讲普通话的人才。据香港金融发展局调查，2005年至2015年间，内地员工增加最多的行业正是投资银行，有80%的投行内地员工增幅在20%以上。

向内地市场进发的热潮中，英皇证券自然也把目光投向了具有更大潜力的内地市场，招募来自内地的员工。在《天天财经》2016年的一篇报道中，英皇证券董事总经理杨玳诗强调，内地市场发展潜力巨大，英皇证券长远计划拓展内地金融市场，已经在中国内地设有三家联络办事处。

肖凯就是在这样的机遇中，顺利进入英皇。

整整两年时间里，他同时在白天切换着大学学生和金融白领双重角色。为了节约时间，肖凯去上课时都穿着正装，一下课，他就拎着公文包从位于红磡的校园直奔湾仔的英皇办公室。很多不认识肖凯的同学都以为他是半工半读的学生。事实上，肖凯和他们一样，都是授课制全职学生。

在保证完成学校功课的同时，肖凯的这份"兼职"做得还挺成功。英皇证券举行了一次业务竞赛，考量员工的金融知识和具体业绩，肖凯拿了公司的第一名。颁奖仪式上，英皇证券财富管理CEO杜克威（Barry Doo）亲手将第一名奖杯交到了肖凯手里。

"那时候我整个人的自信心就上来了。"从此以后，肖凯一直都是同批进入英皇财富管理有限公司的所有同事中业绩的头名。"不谦虚地说，我已经不是最优秀的'之一'了，就是第一。"他开始将自己的心得分享给其他年轻人，在当时还以学生的身份担任英皇新人训练营培训导师。

2010年，肖凯顺利从香港理工大学毕业。英皇也因为肖凯的优秀业绩向他抛出了橄榄枝。

在许多优秀的内地学生眼中，港资券商英皇证券不算是这个行业的头号选择。在香港，券商行业格局被外资、香港本土和内地券商三分天下。像摩根大通、瑞银、美银美林、高盛这样的外资券商拥有出色承销团队，在首次公开募股（IPO）上长期具有不可动摇的话语权；本土券商数量多，但规模小，像耀才证券、英皇证券这样的本土券商主要为本地散户提供经纪业务和"孖展"（配资）。

另一方面，近几年香港市场的上市公司结构、投资者结构都发生了很大的变化，2008年金融危机重创了香港的外资金融机构后，内地金融机构在香港发展迅猛。时任香港中资证券业协会会长的谭岳衡在2017年的一次采访中，列举了投行承销额的数据变化，可以用来部分说明内地金融机构的发展速度——2007年香港投行承销额排名前十名中，只有两三家内地券商，其余全是外资机构。回看2016年的数据，承销额排名前十的投行中，有七家是内地券商、三家是外资机构。

英皇夹在强势的外资券商和后来居上的内地券商中。肖凯很清楚这一点。"英皇是一家挺不错的港资证券公司，但是没有到最好。"他说。

但他依旧选择了留下。

同一批毕业的学生中不乏直接进入美林和高盛等外资大行的人。这个半路出家的数学系毕业生，虽然接受了两年应用数学系硕士课程的严谨训练，和很多经过大学四年本科甚至更严谨金融投资训练的学生相比，肖凯在金融行业可以说是"没有根基"。他凭借着数学功底强，从机械工程系转到应用数学系，又如愿进入金融行业，已经是莫大的侥幸了。

"其实已经心无旁骛了。那个时候我最直接、最现实的目的就是生存好，工作好，能够成为一个受人尊敬的投行人。那个时候的理想很简单，视野也很窄。"此时的肖凯，没有抱着"弄潮儿"的心态，他甚至没有向其他公司投递简历——英皇对他来说已经是一条足够好的出路了。"当时只有英皇不嫌弃我没有扎实的金融背景。"肖凯对英皇心怀感恩，索性选择"顺势而为"，留在了英皇。

他一遍遍对自己说："我30岁了，再也不能胡来了。"读博失败的经历让肖凯在轨道外逡巡了不少时间，现在他需要在一条新轨道上一路向前全力奔跑。

他要把错过的时光全都找回来。

别人一天工作八小时，肖凯就连续工作十小时、十二小时。他曾经为了参加一个午餐会，当天往返香港和大连。凌晨三点回到香港之后，第二天六点又是早餐会。他也曾在三天内跑完十一个城市——类似这样的工作强度，肖凯至少持续了一年。在一次聚会中，肖凯跟哈工大机电工程学院党委书记赵航教授聊起自己的行程，对方惊讶："你三天跑了十一个城市？我三天跑八个城市都已经累垮了。"这位教授一直在做教学科研和研究，也有跑不完的会议和论坛。

空间的快速转化令人疲惫不堪，也让人产生"不知身在何处"的感觉，但肖凯总是能保持充沛的精力。这个在金融业磨炼的高强度工作习惯一直延续到肖凯创业。2019年1月份的一天，肖凯在上海接受一家报社记者采访时已经是当晚10点钟，他正从一场在酒店会议室举办的活动中抽身出来，记者已经是他当天见的第四拨人。结束近两小时的采访后，肖凯也并没有露出疲态，又回到房间处理下一项工作。

实际上，这样的忙碌对他来说，反而是一种疗愈。有"亚洲糖王"之称的华人企业家郭鹤年，曾在自传中这样自白："我一生坚信，忙碌是一种治疗。人必须工作，工作能将身体和心灵结合起来，一并治疗。一个有工作的人会比别人早起，晚上又因为需要恢复体力而比别人早睡，这样便不会浪费生命。"

这样的拼搏精神不仅是肖凯那些年的写照，也是整个香港的缩影。2012年，瑞银一份调查全球范围城市的工作和报酬模式报告显示，香港人平均每周工作44.2小时；到了2015年，这个数字上升到50.1小时，香港多年来位居全球工作时间最长的十大城市之列。

与年轻人奋力拼搏的狮子山下故事相悖的事实是，这座城市的阶层越来越固化。

1997年至今，香港的基尼系数上涨至0.54左右，已大大超过危险警戒线0.4，与部分拉美国家持平。基尼系数是一项判断年收入分配公平程度的指标，在0到1之间。基尼系数越大，收入分配越不公平。

《香港人口统计主题报告》显示：1996年至2016年，上中下三个阶层的就业人数占比分别为29.2%、37.6%、33.2%；2016年比例变化为37.6%、24.0%、38.4%——中产阶级逐渐萎缩，收入差距两极分化现象严重。在香港，成熟稳固的商业环境使得越来越少的年轻人上演"弯道超车"。对于大部分人来说，职业发展"看不到头"，"哑铃型"社会成型。

既非官二代，也不是富二代的肖凯，却在努力打破这样的社会法则。在英皇，只有员工达到一定级别，才能建立自己的团队，但肖凯凭借销售业绩一路向上，很快组建了自己的十二人销售团队。

肖凯在英皇飞速成长，也很快感受到需要更大的舞台。在英皇的几年里，肖凯做的业务涉及金融行业的多个层面，基金、股票、外汇、房地产……但他发现，与行业如此广泛但不深入的接触并不能让自己更有竞争力，也无法体现自己的价值。他希望专注起来，将精力集中在IPO配售、大宗配售等这些更细分的领域，并且在这些领域做深、做透。

其时，正逢肖凯的上司跳槽到盛源证券。它是一家全牌照的香港投行，从事的正是证券交易、IPO配售业务和投行中的保荐人角色，和肖凯希望达成的职业方向一致。于是肖凯跟着自己的老板一起跳槽到了盛源证券。

当年因为感恩，肖凯选择留在英皇；现在，他终于可以主动根据职业发展的兴趣进行选择了。他在盛源待了五年，一如既往地努力。尽管没有拿到保荐代表人资格，但每年都是公司业绩第一。

就在他毫不喘息地向上攀爬时，问题也很快浮现出来——在盛源，肖凯的职业上升速度不及收入增长速度。他的收入跟那些大行高管比不相上下，但盛源的公司规模毕竟有限，这也意味着肖凯的职业发展路径很快到了天花板。

他当年的同学友人们，不少去了摩根斯坦利、高盛镀金。这些国际大牌投行对于金融专业的学生都极具吸引力。2005年至2007年，也就是肖凯来香港念书之前，正是经济危机前全球经济历史性高增长的3年，也是这些顶级投行收益达到巅峰的时期。大牌投行意味着无比诱人的薪金、入职以后海外培训的机会，加上"华尔街精英"的头衔诱惑，对很多人来说，拿到offer就等于拿到了一张通往新世界的机票。

高盛和中银国际也曾经向肖凯抛出过橄榄枝，只是职位不高。肖凯考虑过这个工作机会，但此时他已经是盛源证券公司市场部的董事和负责人员（Responsible Officer）。考虑再三，他最终放弃了这个职位。

2015年9月，肖凯受朋友邀请，到阿里巴巴蚂蚁金服旗下的天弘资产管理有限公司任职投资银行部总经理。此时，天弘基金蹿起势头正猛。2013年，这家公司推出首只互联网基金——余额宝，改变了整个基金行业的业态，并且在之后的2014年末到2015年末，天弘基金不仅连续两年稳坐国内最大单只基金的交椅，也不断刷新国内公募基金公司规模的历史纪录。

但肖凯只在天弘待了半年。他的目标很明确，按照自己的话说，"去天弘就是为了镀金"。在天弘，肖凯帮助公司制定了投行业务体系的规则，建立了内地和香港资本市场的跨境金融解决方案。完成这些框架搭建后，2016年2月，他就离开了。

很难想象，这次转身的触发点，一年前就埋下了。

2015年，在全国两会上，李克强总理提出，要把"大众创业、万众创新"打造成推动中国经济继续前行的"双引擎"之一，特别是鼓励科技人员和大学生创业。《华尔街日报》一篇报道统计，李克强在政府工作报告中63次提及创新，并分析此举是传统制造业和出口业不振的情况下，中国政府似乎在把推动创业和创新当作应对经济放缓的短期补救措施。两会过后，广阔的中国大地上，掀起了更加高涨的创新创业热潮。

两会闭幕一个多月后，深圳前海蛇口自贸区作为广东自贸区组成部分之一，在前海举行挂牌仪式。在规划中，这个珠江入海口东岸的片区将分别拥有核心商务区、综合发展区和保税港片区，加速粤港澳国际一流湾区的建设。而根据国家财政部颁布的税收政策，在前海注册的企业只要符合《优惠目录》且满足主营业务收入占企业收入总额70%以上，就能享受15%企业所得税优惠，境外高端人才和紧缺人才则可以享受15%的个人所得税优惠政策，还能申请综合试点项目扶持资金。

这些政策，使得前海成为当时中国境内营商环境最友好、开放程度最高的区域之一。

一直以来都非常关心时事和趋势的肖凯，敏锐地嗅到了政策中包含的新机会。他跟着政策指明的方向，在前海开启了创业之路。在2015年中，他注册了深圳前海汇容资产管理有限公司，开始自己带领员工进入过去熟悉的领域——财务顾问、资产管理、并购重组、发行基金等。前海汇容在业务最顶峰的时候，每年纳税高达千万元，收入近亿元。

从香港本土的中等规模券商公司，一路跃迁到规模最大的中资公司，又跳出来自立门户，这是一条加速度极高的上升路径。因为人生的一次意外滑坡，肖凯渴望弥补失去的时间。他理性思考，精于规划，并且一刻不停地执行落地。七年里，肖凯相比普通人更迅速地积累起财富、经验和人脉，"我用这么几年的时间走过了别人可能需要12年、15年的职业发展路径"。

在高强度的金融行业中，肖凯选择了一种高密度的人生。

每年年会，肖凯从盛源高管手中接过最佳业绩奖时，他都能想起几个连续不合眼的夜晚、一个接一个的项目和一场接一场的会议。他的行李箱滚轮碾过了全球资本最繁荣的几大城市,带回家的行李箱经常还没有打开,接了电话,又得备好一套换洗的西装再次出发。

有一次,在巴黎谈完一个项目后,肖凯立刻飞回香港。一整天激烈的投资项目讨论后,时差让人难以入睡。肖凯在飞机上休息了四个小时,看了一本书。机舱里的低气压和涡轮旋转发出的嗡嗡声让他愈发疲倦。

十几个小时的飞行后,飞机终于降落香港国际机场。例行的过安检、出关、取行李以后,肖凯拉着行李箱钻进了早已候在停车场的车里。关上车门,他一直紧绷的神经才松弛下来。

从机场到家只需要半个小时,车驶过夜灯点缀的青马大桥,窗外一路掠过海上的灯塔渔船,对面港岛闪烁着星光点点。"回家了。"在香港的第七年,肖凯第一次有了这样的感受。

在香港的几年里,他一直与工作缠斗,从来都只感受到香港高速运转的一面,如时钟一样精准高效,甚至有那么点儿不近人情。不知道是不是因为疲惫的缘故,他此刻对香港的感情柔和了,好像想起童年的齐齐哈尔那样。"什么都熟悉,机场也熟悉,路也熟悉,环境也熟悉,自己要怎么走我都知道。"这个日夜奔波的投行人,此时剥去了金属外壳,蜷进了香港的温柔臂弯。

初尝资本

/ 第一桶金

2008年末，肖凯进入英皇不久，通过朋友介绍，接手了一个来自深圳的客户。

这家当时名为"华讯"的公司才成立一年时间，创始人吴光胜希望通过券商公司为企业拉到一笔投资。肖凯知道，吴光胜并不是只找了他一个人来帮忙，他需要赶紧拿下这个客户。当时，他还没有"全流程服务"的概念，可是他抱定一个想法，需要拉开和其他服务商的差距，从各个方面解决对方的问题。"为什么不支持他一下呢，既支持他，也成就自己。"因此，除了帮华讯的团队引进资金以外，肖凯还帮忙解决了银行授信、产业链对接等问题。

肖凯明白，要在通信领域走在前列，华讯必须得继续研发大量核心技术。于是，他想到了母校强大的科研能力，便给哈工大和华讯之间搭了座桥。很快地，双方顺利签订了战略合作协议，在哈工大深研院的协助下，华讯建立了自己的博士后工作站，校内的教授和博士的课题研究可以与企业的开发联系到一起。另外，肖凯还帮助吴光胜联系到了比亚迪的创始人之一吕向阳。不久之后，吕向阳成为华讯方舟科技的董事长。

"只要是我具备的资源都帮他解决。缺钱，我给你找钱；缺人，我帮你找人；缺技术，我帮你推荐。"肖凯说，只要是对方希望他做的事情，他都做了。对方没想到的事，他也做了。

就连华讯研发出来的产品，需要寻找合适的市场，肖凯都一并解决了。如今的华讯方舟两大板块业务为卫星通信设备及军工，主要收入来源为卫星信号接收设备、高频卫星通信系统。华讯方舟同时也是"太赫兹(Terahertz, THz)"技术的领先者。既然华讯主营卫星通信设备，那就应该找航天科技领域的人。肖凯将哈工大深圳国际创新技术研究院的院长张华介绍给吴光胜，后者又通过张华认识了很多中国航天领域的专家学者和官员。

肖凯提供的服务和资源远远超出吴光胜的期待。尽管投资人往往只需要撮合交易，但肖凯一定会站在企业家的角度思考，急人所急，解决他们关心的问题。最终，吴光胜不仅认可了肖凯，还和肖凯成为朋友。

换位思考，正是肖凯做投资时悟出来的经验和一贯执行的方式。他在接触企业家和资金方的时候，会观察对方创业成功的优点和经验，甚至会更深一层。"如果我是他们，我该怎么运营这家公司？"在做投资前的尽职调查时，肖凯常常做这样的内心对话。他知道，只有同时了解一家公司的弱点和优势，才能做出正确的投资决策。

肖凯还在努力培养与企业家们的共同语言。他在几年投行经历中，接触到不少有自己爱好的企业家，为了与他们更好地建立联系，肖凯尝试着构建更全面的知识结构。一些企业家拥有大量收藏，甚至拥有自己的博物馆，肖凯也开始关注艺术品和收藏，学习收藏文玩字画、茶叶和红酒的相关知识。

几年以后的事实证明，换位思考不仅帮助肖凯成为更好的投资人，还帮助他完成了创业前给自己布置的"企业家练习题"。

给华讯引资成功后，肖凯当时可以赚到一笔咨询费。那个时候，他还只是个初入金融行业第二年的"穷学生"，这笔钱对他来说不算一个小数目。

出人意料的是，肖凯放弃了直接拿现金的机会，而是选择向吴光胜要了一部分公司股权。

原因很简单：作为一个深度参与公司调查的投资人，肖凯非常看好华讯的发展。2008年，成立仅一年多的华讯，最初的主营业务是做小灵通代工，盈利的部分是为WiFi等通信领域的研发业务输血。当时还是3G时代，手机流量只能支撑起彩信，加载一张图片需要很久，更不可能像今天一样随时播放视频。肖凯清楚记得，当时正是中国大量布点WiFi的时候，《南方日报》的一篇报道显示，计划在2008年底完成2.5万个热点覆盖，但工信部尚未给WiFi手机发放入网许可证，因此当时上市的行货手机中都未能带有WiFi功能。

但肖凯坚信WiFi是整个通信领域未来的发展方向，正处在赛道中的华讯就拥有这样的技术储备。他和吴光胜见了几次面。这个和他差不多同龄的创始人在毕业后进了一家国营军工企业，之后又在2007年创立了华讯。肖凯发现，吴光胜不仅年轻有为，还拥有家国情怀。

打定主意要拿股权前，肖凯丝毫没有纠结，也没有询问同事和朋友的想法。"我是铆足了劲儿后,认准了就一定要干好。"肖凯说。他不太会因为一件具体的事而犹疑,因为在做出决定前,他就逼迫自己开阔眼界,完成和各领域的强者沟通。

现在,肖凯只要说服一个人——当时还是女友的太太,她的想法比较现实,那就是希望能拿到一笔实实在在的钱改善生活。但肖凯不这么想,他认为"钱是可以再继续赚的,但机会错过了就失去了"。

两人争执不下,太太还专门到BBS论坛上发了一个帖子,让网友投票,结果大部分网友都支持肖凯。最终,太太也只能被这个大多数人认同的选择而说服。

事实证明,这个当初"不拿钱"的选择太值钱了。

从2008年起,肖凯可以说是一路照看着这家公司"长大"。没过几年,华讯很快迎来爆发式增长。2009年,华讯一年的营业收入仅3 000万元左右,而截至2019年底华讯的年营收超过100亿元,估值达到200亿元。

公司估值翻了数百倍,肖凯赚得了一笔不断增长的投资收益。在他眼中,这是人生中的第一桶金。

大多数企业家都无法忘记他们人生中的第一桶金。譬如房地产企业万科创始人王石,通过在深圳买卖玉米饲料,做中间商赚到了人生中第一桶金。如今营收过千亿的跨国汽车零部件企业万向集团,最初的起点只是一个铁匠铺,集团创办人鲁冠球靠出售自产的犁刀、铁耙、万向节、失蜡铸钢等五花八门的产品,艰难完成了最初的原始积累。看到中国汽车市场开始起步后,鲁冠球转而开始生产专业化汽车万向节,并在1980年的全国汽车零部件订货会场外摆地摊,以低于场内20%的价格卖货,一举获得了210万元的订单。联想集团的创始人柳传志在1980年创业之初已经年逾四十,"因为前面没有路可走,所以选择了创业"。他当时将可能为公司带来收入的业务都做了个遍，依靠代理销售"汉字系统"赚到了40万元毛利。

不少成功的企业家当初都是抓住了时代机遇，凭借销售或生产等粗放方式完成了原始积累，但他们都基于第一桶金，在后来的日子里不断迭代。

2020年2月，巴菲特在接受美国财经媒体CNBC采访时说，"如果人们说'我今天买了一家企业'，而不是说'我今天买了一只股票'，他们会更富有。因为这让你用不同角度去看待它。如果你买的是一家企业，你会持有10年、20年或30年。"

肖凯从一开始，就把投资华讯看作投资一家充满未来的企业。他难能可贵地压制住年轻人的冲动，保持着长远的眼光，冷静、负责地陪伴企业一路披荆斩棘。

失之交臂

几年的投行经历，让肖凯总结出一整套决定是否投资某家企业的依据：一是看企业所处的赛道，看整个行业的规模大不大；第二，看创始人的格局和能力；第三，看技术和市场份额，看公司在行业中的地位和市场占有率。

肖凯尽管非常清楚投资的基本原则，却也曾因为过度谨慎做出过误判。

2014年，一个朋友找到肖凯，想邀请肖凯投资一个生物制药项目。朋友跟了这个项目十几年，对生物制药领域也很熟悉。但当时这个项目还处于新药二期临床试验阶段。根据国家食品药品监督管理总局提出的《药品注册管理办法》，只有药品通过四期临床试验之后，才能为药物注册申请。这意味着这批药品既没有拿到药证，也没有拿到批文。

朋友锲而不舍，一有机会和肖凯见面就聊这个项目。肖凯承认自己听不懂生物制药领域的内容："我一个学工科的，不具备这方面的知识结构啊！看不懂。"而且，肖凯的团队完全没有接触过这个领域的投资，也没有人花时间和精力去查生物制药领域的专业名词——要知道，那可是创业热情高度膨胀的2014年，等待投资的项目太多了。相比费心了解陌生领域的项目，不如花时间盘点熟悉的好项目。

肖凯当时的想法是，不了解的情况下，如果贸然投资，会面临很大的风险。因此，他没有细想这个项目，投资也搁置了。事实证明他的想法不是个例，他后来又推荐了一个潜在的投资人给朋友认识，最终双方也没有达成合作。

就这样，肖凯错过了一个大好机会——甚至可以说，是一系列机会。

2015年开始，国务院、发改委、卫计委、食药监总局等多个国家级部委密集发布医药研发相关政策，给予创新药诸多优惠，让中国迎来医药研发创新的黄金时期。其中，生物医药行业的中国市场规模由2012年的627亿元增长到2016年的1 527亿元，年复合增长率24.9%，发展尤为迅速。而在被众多创业者和投资人称为"资本寒冬"的2018年，全球生物技术领域投资总额超过388.01亿美元，中国国内的融资总额共计309亿元人民币。

在生物医药方面的投资给投资者带来了丰厚的回报。在大部分行业都准备屯粮过冬的时候，生物技术领域的投资还热火朝天，包括红杉资本、君联资本、礼来亚洲等著名投资机构都将重注押在了靶向药物、新药研发等生物制药上。君联资本的"处女投"康龙化成在2007年时，收入只有400万美元左右；12年后，康龙化成上市，招股书显示2018年前三季度实现营收为20.36亿元，这意味着这家公司十年里实现了接近100倍的成长。

康龙化成如此高额的回报并非个例。《彭博商业周刊》2018年就曾报道，在两岸市值500强中，上榜的41家生物医药类公司中有11家市值在过去一年涨幅超过100%。

当然，肖凯的谨慎可以理解。包括生物制药在内，整个医疗健康领域的投资都不是快进快出的项目，这个高风险、周期长的领域，比TMT和消费等领域的被投项目持有时间都要长一些，投资需要更多的耐心。

以专注于投资医疗健康的头部基金礼来亚洲为例，过去十二年，这家管理超过12亿美元资产总额的机构在中国只投资了30家企业——相比于医疗健康领域，科技传媒、消费品服务的标的数量更多，行业壁垒也相对更低一些。分别布局了科技/传媒、医疗健康、消费品/服务、工业科技四个方向的红杉资本中国基金，15年投资了近600家企业，其中只有60多家来自医疗领域。

哪怕在医疗健康领域，生物制药每年的被投企业也占据较小比例。

在红杉、经纬、软银、高瓴资本、IDG这5家明星资本的投资版图中，都涉及了各大生物医疗板块，但它们在生物制药领域的投资额只占整个板块投资总额的4%。事实上，只有高瓴资本、红杉中国和IDG表现出了对生物制药领域的投资兴趣。

投资细分领域的外行人肖凯，就这么与它失之交臂。当时这个项目摆在眼前时，估值20亿美金左右。2019年，这家生物制药公司被多家投资机构联合评选为2019年未来医疗100强·中国创新医药榜TOP100，估值已经涨到200亿美金左右，并预计在2020年下半年或2021年初于上海科创板上市。两年时间，"我错过了十几倍。"肖凯说。

现在入场当然晚了。2019年，这家公司已经拿到了药证，也为上市找好了保荐人。

如果说之前肖凯总能把握住政策红利，并且做出人意料的决断，那么这次在医药行业的投资误判让他认识到自己的"保守"。肖凯一开始的固执和自我限定使得他放弃了主动思考。如果再来一遍，他愿意去尝试陌生领域，并且愿意为之付出可承受的成本。他深知每个人都有能力和认知边界，但万万不能因为边界束缚了自己思考的自由。

事实上，生物制药行业的理解门槛太高，大部分人都对它不熟悉，对其原理更是不了解。尽管这个行业被资本认为长期向好，但难免有公司借着"生物制药"的概念浑水摸鱼。

投资市场中充斥着信号和噪声。信号指的是投资人做出正确决策的关键依据，而噪声则是影响决策的因素。当肖凯闯入不熟悉的生物制药领域时，噪声信号混杂而来，他又无可参照，便难以做出正确的投资决策。

几年的投资生涯中，肖凯渐渐形成了一种投资思路：在不了解政策风险的情况下，不会轻易进入。稳健的投资风格让他在面对噪声时安静下来。

看起来，肖凯做出长期投资华讯项目的决定颇为大胆，但这恰恰是因为他准确地捕捉到了市场的信号——这个项目具备了成功项目必备的几个条件：企业的业务方向符合宏观政策的走向，也符合市场的趋势，还有一支有能力的团队，因此他判断这个项目值得投资。

造就了不完美的噪声是坏事吗？在肖凯建立的投资观中，市场中绝不能没有噪声。噪声恰恰是造就"可能"的元素，也是判别投资人敏锐度与判断力的关键。这样的投资观念和肖凯的人生观相吻合。

他认为人生总有杂音，人性总是趋于屏蔽它们。但事实是，人类最伟大的发明往往出现在舒适区以外。那些令人舒适的、约定俗成的事物反倒成了束缚手脚的东西。"我们的人生当然要舒适，但也要留一些空间给躁动的因子或是狂野的因子。"

这种投资风格的形成在赵万生教授看来，和肖凯的理工科背景有关——他这样评价从工程转道去做金融的肖凯："做工程的人都比较实际，能看得更深入。投资其实最终还是要看价值。到底一个行业能不能创造价值？如果不能，却上下拼命炒作，那就是投机，过度投机必然造成泡沫。他如果有工科背景，可能更加理性地看待中长期的收益，反倒对眼前的一些风口不是太关注。"

几年以后，投资人肖凯成为创业者肖凯，投资的经验也在他的创业过程中派上了用场，帮助他更深刻地理解资本的力量。

肖凯会站在股东的角度考虑问题，他明白，不管"赚了亏了，你必须将企业的真实情况向股东汇报，因为他们有知情权"。除此以外，他还设立了定期的汇报机制，告诉股东们企业发展的战略和战术。"我还建了一个群，经常跟几个股东交流公司发展怎么样，下一步战略怎么样"，只有这样，资本方和创业者之间才会建立信任感。

在金融行业工作时，肖凯遇到过两大类创业者：缺钱的和不缺钱的。投资人也会根据这两类人的特质，在初创企业中扮演着两种不同的角色。

当一个创业者缺乏启动项目的资金时，他必须为了企业初期的发展放弃一些权力。因为此时，更大的话语权掌握在资本方手里，创业者需要听从资本方的建议甚至决策。这种情况下，投资人相当于创业者的"老板"。

另一种创业者扮演强势的一方——他不缺创业初期的启动资金，也因此掌握了企业发展的话语权。此时，只有资本方跟自己志同道合，并且愿意留出时间和空间容许企业发展时，创业者才会接受资本的进入。这个时候，资本方相当于公司的高管。

在香港剑桥教育集团中，肖凯作为"不缺钱"的创业者，扮演了强势一方。他在创办集团时，早早就设立了董事会的运作机制，合理规范了股东们的权利和义务。

"只让资本赚钱，不让资本说话。"肖凯在天弘资产工作时，听到马云分享过这样的话。"不让资本说话"指的是资本方不参加公司的日常事务管理。资本方能够发表意见和看法，但最终是否采纳由董事会说了算。"只有赚钱的事跟股东有关。公司赚到钱了，该怎么分就怎么分；赚不到钱，该怎么办就怎么办。"

在和不同企业打交道的几年里，肖凯看过太多失去主心骨的公司——参与的责任主体和利益方太多，决策会议看着热闹，但没人能拍板做出最终决策；企业再有冲劲，没有明确的方向，冲着冲着就散了。

资本方与创始人的控制权之争由来以久。在中国近十年来的商业史中，创始人权力旁落，最终黯淡出局的故事为数不少：

万科董事会的权力之争中，宝能系正式请求彻底重组万科董事会，罢免王石、郁亮等人的所有董事职务。2016年6月，王石出局，中国最大地产商掌门人的职业生涯结束。

平安入股汽车之家成为第一大股东之后，汽车之家原有管理层被平安清洗，创始人李想不再担任总裁，CEO秦致的职位和CFO钟奕祺的职位均被替换。

　　这样的例子太多了。投资人徐小平曾经警示过创业者："如果（创业者）一开始就把主权让出去，60%给出去，再伟大的企业也做不下去；我（创业者）只要把事情做起来，这个股份多少不重要，这是错误的，凡是不以股份为目的的创业都是耍流氓。"

　　肖凯明白，创始人一开始就需要深谙资本的力量。他创立教育集团之后，尽管还没有上市，就按照上市公司一样，确认了最终拍板的只有董事会，"企业管理有时候必须要'专制'一些"。

圈　　子

／ 重建校友会

2006年，肖凯踏上香港的土地，他并未预见到自己在接下来的几年里会成为哈工大校友会的组织者。

"在来香港之前，我不清楚是否有香港校友会，也没听说过有哪个校友组织校友活动或者成立校友会。"肖凯回忆。

香港的八所大学都散布着哈工大的校友，大部分是在读的研究生和博士生，一群25岁到35岁之间的年轻人。他们在哈工大共同经历了少则4年、多则6年的时光，有颇为一致的哈工大情结。如今，他们从祖国最北端来到南国，多少会有种种不适应或是个人难以抵挡的愁绪。于是，抱团成了一种很自然的选择。

肖凯在其中担当最积极的组织者角色之一。2007年春季开始，肖凯和师姐滕晓菲开始自发组织香港几所大学的哈工大校友进行聚会。

说来也巧，肖凯在哈工大深研院时，就曾为香港科技大学机械工程系协助招进二三十名学生。当时,在港科大工学院就读的理学硕士（MSc）,大多数人的申请材料都是通过肖凯递交的。很多学生都会把肖凯当成老师,向他讨教递交材料的要求和经验。

一来二去,肖凯就成了学生们公认的联络中心。很多哈工大毕业生一来到香港,第一件事是找组织——他们总会找到肖凯,通过他跟校友们"汇聚"到一起。在聚会刚开始的几年,参与的校友们都是在校的博士生、硕士生以及交流访问学者,"穷学生"们用AA制聚餐的方式凑在一块儿,排遣留港的寂寞以及学业、工作带来的压力。

聚会将年轻校友聚在了一起,让大家广交朋友、交流资讯。自2007年到2010年的几次校友聚会,每次都有四五十人参加,其中最热心组织的校友就有滕晓菲、唐新民、马婷、何勇、陈泰和肖凯等人。

校友聚会逐渐成形,肖凯也有了向母校汇报的想法。2010年,肖凯主动与时任哈工大深研院的领导联系,询问可否代表学校参加香港的校友聚会,很快就得到了深研院的积极回复。

尽管肖凯临时因公出差,没办法参加聚会,但他交代当时的下属协助唐新民校友组织了这次聚会。聚会当天下午,深研院副院长韩喜双及一位处长代表学校来到香港,和校友们在中国高等院校香港校友会联合会（简称"高校联"）的铜锣湾会所进行了简短的见面交流会,傍晚便到对面的酒店用自助餐。

随后,深研院的官方网站就出现了校领导与香港校友们聚会的新闻报道。自此以后,年轻校友们之间松散的聚会渐渐变得不一样了。

更直接的变化发生在2011年。2010年后,师姐滕晓菲离开香港回北京工作,肖凯便主动肩负起了组织校友聚会的责任。

在下属和校友的协助下,肖凯不但召集了过去常出现在聚会上的40多位年轻校友,邀请了深研院时任党委书记张敏,还聚集了若干位七八十岁的老校友。

这群老先生是哈工大的老校友,都属于华侨。20世纪70年代,他们根据政策陆续来到了香港。尽管老先生们到了香港就开始组织校友聚会活动,但因为各种原因,在2012年前始终没有成立合法的校友会组织。

很多香港及深圳的哈工大校友反映,有人在2011年前的很长一段时间里,自封为"哈尔滨工业大学香港校友会"的"秘书长""香港校友会负责人""香港校友会联系人"等,并以此组织在香港的哈工大校友聚会,同时以此职位参加哈工大海内外校友大会等活动。但实际上,香港特别行政区管辖范围内根本不存在"哈尔滨工业大学香港校友会"这一组织或社团。好在参加这些活动的校友成员不多,总数始终没能超过35人。

但正是肖凯有意邀请深研院校领导的动作,使得哈工大校友总会的相关工作人员注意到了这批在香港组织聚会的年轻人。哈工大校友总会知会了没有参加过往活动的老校友代表。2011年春节前后,老校友们在聚餐时也邀请了唐新民参加。

新老校友相聚,不知谁起了个头,觉得应该在香港建立合法合规的"哈尔滨工业大学香港校友会",以避免有人打着"哈尔滨工业大学香港校友会"的旗号招摇撞骗。在还没有成立正式"哈尔滨工业大学香港校友会"社团或组织前,不能宣传和提供写有以"哈尔滨工业大学香港校友会"为名义的文件——这在香港属于非法宣传及提供虚假文件。

这个建议得到了新老校友的一致支持。包括肖凯在内的很多校友则自告奋勇，志愿报名参加筹备建立校友会的工作小组，期望尽快将"哈尔滨工业大学香港校友会"在香港合法建立起来。几位老校友在聚餐现场多番向年轻校友们表态："新成立的香港校友会要以年轻人为主，老校友们会支持你们的工作。"

2011年聚餐活动后，筹备建立校友会的工作小组开了几次会议。第一次会议决定将工作小组命名为"执委会"。此后执委会的几次会议中还决定了校友会的组织形式是社团而不是有限公司。但根据香港的《社团条例》，社团的发起人中必须有一位是香港永久居民。

校友会成立在即，问题是，选谁当会长呢？

当时校友会的成员出现了严重的年龄断层，"老的老，小的小"，有二十几岁的研究生，有像肖凯这样三十岁出头的青年人，再往上就是七八十岁的老一辈校友。

肖凯正值青壮年，又是多次活动的组织者，于是主动提出担任会长一职。尽管肖凯认为自己当会长是"矮子里拔将军"的结果，但事实证明，会长的最合适人选就是他。肖凯后来展现出来的凝聚力和号召力都远超过校友会的其他成员，"因为我发展很快，他们还在原地踏步。他们跑了一步，我可能跑了五步、十步了"。

2012年3月，香港警署正式批复并批准了"哈尔滨工业大学香港校友会"的申请，自此，"哈尔滨工业大学香港校友会"（以下简称"哈工大香港校友会"）注册成功了。在哈工大香港校友会宣告正式成立当天，校友们请来哈工大深圳研究生院的副院长张敏，代表母校与校友们一同聚会。

校友会成立后，便飞速往正式社团的方向发展。在肖凯担任会长的这几年里，校友们每年都会举行固定的活动，譬如春节后举行春茗聚会、每年校庆期间组织校友聚会，不算太频繁，但是颇有规律。

除了聚餐联谊，这个正式社团的活动领域也更广了：校友会曾组织校友参加杰出校友陈清泉院士的有关电动车发展的科技讲座，还以团体会员名义加入香港高校联——支持反占中签名活动、中秋登山等活动都能见到哈工大校友的身影。同时，校友会赞助高校联会所改建工程，并将"哈尔滨工业大学香港校友会"的名字永久刻在了高校联会所的感谢墙上。

对肖凯来说，校友会让过去那些还未真正认识他、甚至没有听说过他的校友们开始注意并认可他，包括吴原、陈永生和胡大为等校友都是通过哈工大香港校友会才和肖凯有了密切联系。他们也在肖凯几年后创立香港北区工商联时，加入工商联，成为初创成员。

2008年，肖凯的哈工大校友陈永生从新加坡搬到香港，住在九龙油尖旺区"奥运站"附近。在陌生的城市里，他开始寻找熟悉的圈子，来缓解对新环境的不适应。同一时间，肖凯正好在社交媒体人人网上发了一则校友聚餐帖子。顺着这个帖子，陈永生很快就联系上了肖凯，和他约见了一面，并很快就加入了这个肖凯口中"吃吃喝喝搞联谊"的组织。

陈永生比肖凯低一届。1999年9月，这个来自哈尔滨呼兰县的年轻人考上了哈工大材料专业，成绩位列全系第一。他在哈工大只念了三个月，便赶上新加坡南洋理工大学到内地大学招生的机会，于是拿着全额奖学金前往新加坡。

开学前，陈永生和同批前往新加坡的28名哈工大校友一起住在新加坡政府提供的别墅里，上了半年英语预科班。"一整栋别墅都是我们，吃喝拉撒什么的都有人帮忙照顾，还是真挺好的。"这些年轻人吃住在一起，建立了深厚的友谊。因此，尽管陈永生真正在哈工大念书的时间只有短短三个月，但他对哈工大的感情非常深厚。直到今天，他依然骄傲地记得哈工大的校训——规格严格，功夫到家。"还有一些校友对这几个字感触很深。多年不见的校友重聚提起校训时，还会流泪。"他说。

依靠香港的哈工大校友会，陈永生和在香港、内地的校友都开始建立了联系——他现在所在的公司里，另外两名合伙人也都是哈工大校友。陈永生注意到，这些校友发的朋友圈里，也常常提到哈工大校训。

像陈永生一样，从哈工大毕业的在港学生如同磁粉，陆续被校友会这块大磁铁吸引而加入。肖凯刚担任校友会会长后的那几年，校友会从刚建立时的40多名成员迅速拓展到了2016年3月的150人左右，吸纳了不少在香港发展的优秀校友。

校友会会长是个吃力不讨好的活儿。按照肖凯的说法，这个角色"又要奉献，又容易被别人骂"。哪怕有时活动聚会定酒店，定得不合大家心意，都会引来抱怨——这就需要会长有非常强烈的服务意识。

但在校友口中，肖凯的公信力很高，口碑也好——大家让他担任了两届会长。陈永生说，"大家都认他"。陈永生和肖凯年纪差不多，但他评价，肖凯的阅历和气质明显比其他人要显得老成。

第三届会长换任选举时，正是肖凯创业前期，因此他不再就任会长。接任会长的是一个八十多岁的老校友。20世纪70年代前，这位老先生来到香港，但因为身体原因，一直没有再正式工作或是创业。在肖凯看来，老先生彻底和香港的主流社会脱节了，但老先生迫切希望用参与社团的方式成为"社会活动家"，实现人生价值。

但这并不是一件简单的事情。在香港，要在社团中担当重要角色或让社团顺利运行，需要大量财力支持，而老先生没有资金来源，在校友会成立之前一直在别的社团担当分量较轻的会董等角色。肖凯形容，老先生"很热心，但没有太多的精力和财力去做校友会"。

缺乏缓冲层的校友会聚集了整整两代人，他们对校友会的发展思路截然不同。年轻校友们来到香港是为了读书，参加社团只是一种联络感情、调剂放松的方式，不会像治理一个公司那样付出太多心力和时间。肖凯担任会长时，深知年轻人忙于日常工作，因此并不强制要求成员参加各项活动。即便是有会议，人不到场，通过另一人转达意见也可以。而老先生则认为校友会需要像一个公司一样，各个部门按照章程各司其职。会议就得规定到场率——十个会董必须到场一半以上才能开会，即使来了四个人也没法开会，无法讨论。

事实上，校友会的会议章程是执委会几次会议中一直悬而未决的议题。执委会成员提出了章程初稿，但没有就全部条款达成共识，一些条款例如会员资格、会长及会董会任期、会董会出席人数达到多少该次会董会的决议才有效等条款没有决议结论。

"不能说他不对，也不能说我们错。大家的价值观不一样。"肖凯说。

因为行事方式与价值观和年轻人的差异过大，老先生便转而开始攻讦肖凯。在校友会的微信群中，他给肖凯安上了一些"莫须有"的罪名。

当时，肖凯的身份已经是上市公司的母公司董事。一般来说，上市公司董事会都会配备法律顾问，来确保公司合规以及避免不实的指控而影响上市公司的运营。律师得知老先生已经跨过批评界限，对肖凯进行人身攻击和诽谤时，便向老先生发出了律师函。

在发送律师函之前，肖凯还向哈工大的领导征求了意见。校方的回复意见是：我们支持你。这件事才这么平息了下来。这场闹剧对哈工大香港校友会花费几年建立起来的人际和资源网络带来了伤害——老先生过度追求仪式感的"官僚"作风与香港追求程序正义以及法治的价值观背道而驰，导致一些希望远离无效社交的年轻精英退出了校友会。

哈工大的校领导希望肖凯能继续担任香港校友会会长——在肖凯任期内，校友会与母校对接部门建立起了恒常交流的机制，并且第一次到达150人以上的规模，学校名声也随着校友网络的扩大传播出去。因为工作事务繁忙，肖凯辞去了校友会会长的职务，但依然在力所能及的范围内参与校友会活动，捐钱出力。

"人生到目前为止，我可以很骄傲地说，我为哈工大香港校友会做了很多贡献。"肖凯认为自己当会长并不出于私心，但老先生的人身攻击却给自己造成了困扰。

事后，肖凯有些担心，校友们因为看到他处理这次风波的方式，可能会惧怕他的"铁腕"手段。但他的凝聚力还是得到了他人的信任和亲近。老校友攻击肖凯时，吴原在校友群里替他仗义执言，批评老校友"搞未审先判的道德审判"，其余那些反对老先生做派的校友会成员也都先后选择离开，并表达了对肖凯的支持。剩下的校友们可能不知情，可能选择沉默，也可能是对两任会长的矛盾并不在意——因为这样的争端并未真正侵害谁的利益。

还有几位校友和肖凯建立了很好的私交。陈永生就和肖凯同在一个"宝宝群"——这批已经30来岁的哈工大学子在香港都组建了自己的家庭，也因此有了更多生活上的紧密联系。不管是通过工商联这样正式的组织，或是校友会、宝宝群聚会这样非正式的活动，他们总能凑在一起。

肖凯身边凝聚了一批信任他的人，也在一些麻烦事中锻炼了处理棘手事务的能力，这些都为几年以后他参与更复杂的社会事务、搭建更高层的社会资源网埋下了伏笔。

／ 遇 见 伯 乐

来自中国内地的留学生，不管是在海外哪些国家或地区，通常都不太积极融入当地社会事务和文化生活。对于大部分人来说，语言的障碍和行为习惯上的文化冲突已经够让人头疼的了。因此，大部分负笈海外的中国年轻学生都埋头苦学，"两耳不闻窗外事"。

刚到香港的前几个月，肖凯也经历了这样的不适。他发现，即便在谈论一件生活小事，个人成长经历的差异都会导致他和香港同学有着全然不同的见解。遇上粤语和普通话无法沟通的时候，"两个中国人开始用英语交流"。

好在肖凯所处的学生圈子单纯，经过一段时间的磨合和理解让两地学生也有了默契，语言上的障碍对愿意主动学习粤语的肖凯来说更不是什么难题。当他解决了这种外部摩擦之后，这个年轻人，野心勃勃，开始努力寻求一个能融入香港社会的切口。

在肖凯眼中，融入社会意味着了解并认同这个社会的规则、文化以及集体组织形式。如果把香港看作一台精密而庞大的社会机器，机器的平顺运行依赖于从民众到政府层面各司其职；当中还有一股不可忽视的社会力量，那就是全港大大小小数千家社团组织。

因此，肖凯萌生了加入一个社团组织的想法。2008年，他刚到香港理工大学，就搜索了香港几家社团组织的官方网站。这时他不认识任何社团中的人物，也没有人引荐，只能通过邮件联系社团。邮件里，他激情澎湃，表达自己想要加入社团、通过社团团结爱国爱港力量的热望。

不出所料，每一封邮件都石沉大海。

但肖凯没有气馁，他从自己能力所及的事情开始做起——哈工大香港校友会正是他在香港积累经验的第一步。随后几年，他又先后担任中国高等院校香港校友会联合会副会长和香港上海浦东联会副会长。他从小就表现出了管理意愿和领导才能，现在顺利地成为这些社团的管理者。

时刻在积蓄力量的他终于在2015年的一次朋友聚会上迎来了机会。肖凯通过朋友认识了吴为赞，全港各区工商联的永远荣誉会长和前任会长。得知肖凯一直拥有加入香港社团组织的想法后，吴为赞当即邀请肖凯加入了工商联。

工商联最初的全称是"全港各工业区工商业联合会"。1993年，它由香港香江国际集团的创始人杨孙西博士发起，首个工商联发端于观塘，随后东区、荃湾、深水埗等几个大型工业区先后加入了这个团体。2000年，这个工商团体改名为"全港各区工商联"，算上2018年才建成的北区工商联，如今拥有企业会员8 000家。

用肖凯的话说,这个组织在全港18区都有成员会,非常接地气。2013年,全港各区工商联成功创立"全港购物节"品牌活动,帮助本地商户扩展商机。到2017年为止,全港购物节已经有1 500个品牌、5 000间商户参与,成为香港这个购物天堂的一张名片。

尽管工商联已经存在了将近30年,但比起香港总商会、香港工业总商会这样具有百年历史的大商会,它还很年轻。

100多年前,香港这座城市就被英国人视作贸易通商之地。当时的香港不仅是自由贸易的天然港口,同时又因为低水平税率和不完善的劳工保障更受资本青睐。英国商人望族譬如怡和洋行、太古洋行和和记洋行在转口港贸易、土地发展和公共事业上建立了庞大的帝国。

对洋行来说,它们都关注如何让香港维持极富吸引力的营商环境,于是商会应运而生。洋行在1861年成立了香港总商会,声称代表香港整个商界,向殖民地政府提出要求。香港总商会前一百年的运行都是由英国商家牢牢掌控的;直至1984年,南海纺织的创始人唐骥千获选为香港总商会首位华人主席,才改写了这段历史。

随后的几十年里,香港又陆续产生了香港中华总商会、中华厂商联合会、工业总会和中华出入口商会等四大商会,和香港总商会一起,被香港人称作"五大商会"。

五大商会除了"在商言商",为商会内部的成员争取最大商业利益之外,常常作为一个利益团体表达行业或者组织的诉求。这五大商会都是香港立法会工业界功能团体,这意味着它们经过立法程序成立,可以就影响香港工商业、投资等事件向政府提供意见。

商会甚至拥有立法和制定决策的权力。1885年起,英国殖民地政府同意让总商会提名一名非官守成员进入立法局,另一名议员则由太平绅士提名。1896年，当时的香港最高政策机构——行政局，也开始纳入商界代表。

从此，商界代表拥有立法和政策制定的否决权——这是香港政治一个世纪多来都未曾改变的特色。

不过，这些名头响亮、历史悠久的商会门槛颇高，并非一般人能加入的。它们通常是为上市大公司的企业主服务，如香港总商会，逾半的恒生指数旗舰上市公司都是其会员。要想加入五大商会，首先的门槛是要拥有自己的企业；其次，得有至少几名副会长以上级别的成员推荐入会。

不管是地位、名望还是金钱，肖凯很清楚自己与这些商会成员之间的实力差距。他说："即便我已经在天弘当投行部总经理，他们都不会要我。"

而团结中小型企业、共享商业资源的工商联对于肖凯来说是个机会。吴为赞不仅仅将肖凯带入香港政商界的圈子，将他介绍给全港各区工商联的现任会长卢锦钦、前任会长以及更多的会董。后来，吴为赞投资成为肖凯创办的香港剑桥教育集团的主要股东之一，现任会长卢锦钦也成为集团的一名股东。

刚到香港时，肖凯用一腔热忱敲不开的门，在几年之后终于被叩开了。而这不是凭借一己之力就能办到的，在肖凯眼中，被他称为"赞哥"的吴为赞就是自己的贵人。

吴为赞今年73岁，很有老式香港人的派头。每一次出席重要场合，他都穿西装、系领结、梳油头。老一辈香港人的另一个重要特点，是"跟着时代走"，吴为赞也总能抓住时代机遇。20世纪70年代，吴为赞读完中国文学专业。因为对教育行业感兴趣，他拿着毕业后挣到的钱,接手了香港的一家幼儿园,开始自己办学,既做校长也做老板。

四五年后,一家幼儿园扩张到四家,但因为香港地租太高,吴为赞的教育产业没法继续经营下去,所以他关掉幼儿园,改行了。但吴为赞说,自己一直还有教育的情怀,这也是他后来支持肖凯进入教育行业的原因。

从1986年开始,吴为赞成立了一家叫作"乐贸"的影视发行公司。既做电影、戏剧、音乐和歌星经纪业务,也负责向中国内地和海外发行香港本土电视台做出来的影视内容。他抓住了内地改革开放的好时机——此时内地逐渐从物资匮乏的状态中走出来,民众们正在呼唤精神方面的优质内容。先行一步的香港娱乐行业,在内地赚得盆满钵满。

乐贸在20世纪90年代和琼瑶一起投资拍摄了《还珠格格》等一系列电视剧,承包了成龙所有电影在中国内地的发行,还引进不少韩国和日本的影视剧。也就是从这时候开始,吴为赞频繁和内地有了紧密的联系。

2008年,吴为赞成为全港各区工商联会长,直到2012年换届。对于他认为有能力的年轻人,吴为赞非常愿意提携。吴为赞和肖凯之间的关系亦师亦友,并不只是前辈带后辈的单方面资源倾斜。当他们俩刚认识时,肖凯就已经获得了由港漂圈联合百川汇共同发起的"首届十大杰出新香港青年"的荣誉,而且吴为赞也清楚肖凯曾在投行和天弘的工作经历。肖凯的能力与努力,才是吴为赞带他"入圈"的基础。

肖凯加入工商联时,全港各区工商联已经拥有16个成员会,剩下几个区还没有建立工商联。吴为赞当时就和肖凯提议,"不如我们在北区组织一个"。他口中的"北区"包括上水、粉岭、沙头角、打古岭,传统的香港北区是香港占地最广和最能保留乡郊特色的地区,经济发展潜力很大。

就这样,在认识吴老先生三年后,肖凯创立了北区工商联。此时,他已经跳出投资人时期的仅仅考虑盈利、寻求实际回报的想法,希望更广范围、更深程度地回馈社会,开始积极加入到香港的社会事务中去。

/ 恭喜你,正式融入香港

香港是全世界最爱排队的城市之一。毫不夸张地说,港人还没出生就开启了"排队人生",生产床位、入学升学、结婚登记、申请公屋、入院看病……样样需要排队。

电梯左行右立,通道靠右行,大家排队;上班高峰期的地铁也永远是先下后上,闸口出处永远有一群人排队拍卡。该停的地方就停,该让的地方就让。圣诞倒数、书展大会,百万人口聚集,工作人员规划出路、调整入口,无论多大多密集的场面,永远都有疏散的最好办法。在这个行色匆匆的地方,大部分人都能不慌不忙地遵守一套不言自明的准则。

香港是全球人口密度最高的城市之一。全香港土地面积1 106平方公里,但真正可以用于开发的土地只有不到四分之一——这相当于香港用北京1/15的土地,解决了北京1/3的人口居住问题。七百多万人挤在这个地势复杂又狭小的弹丸之地，但却催生出令人难以置信的秩序感。

排队更深层的含义，在于它体现了一种人人都接受并认可的社会秩序。可能肖凯自己都没意识到，他来香港这么多年，越来越与香港的"秩序精神"契合，也得到了香港人的认可。

2018年，北区工商联创会那天，也是肖凯的北区工商联会长就职典礼。

肖凯成为全港各区工商联当中唯一来自内地的会长。以往的会长，或者是出生在香港，或者是幼儿时期跟随家人移民到香港，经过几十年已经完全可以称得上是香港人了。肖凯却截然不同，他在东北出生、在东北长大，在内地形成了完整的世界观。能成为第一个内地会长，肖凯笑称，"自己走了大运"。

很难讲清楚要成为一个工商联创会会长需要怎样的条件。

"谈不上什么条件，但也不是没有。"吴为赞说。参加或创建一个香港的社团，爱国爱港是第一位的。其次，会长得有一定的组织能力，知道如何凝聚团体人员。同时，创会会长还得有人脉，因为他需要和香港每个区的领导或机构联络，同时需要得到包括各地区区议员、主席和中联办的支持与同意。

前两点不算难，最后一个条件，对于创会时的肖凯来说更不是个大问题。他经过几年在不同社团和组织的积累，结交了不少朋友。他的手机通讯录中，有着几千位联系人，其中不乏香港或内地的精英，或来自政界，或来自商界。这些政治家和商界精英是肖凯通过各种渠道认识的，他们有时连带着相互介绍给彼此——这正是商会组织成立的意义，联结关系，共享商业资源。

不少参会嘉宾在庆典结束后，向肖凯发来微信道贺，恭喜他"真正融入香港工商界"。这个从2006年就来香港学习和工作的年轻人突然意识到，自己终于"真正"融入了香港社会！

建立北区工商联以前，肖凯在香港已常住了十三年，到哪儿都不陌生。他能听懂粤语，讲得也"麻麻地"，还拥有一群香港朋友，肖凯觉得自己已经融入当地人的生活。直到这一刻，他才真切意识到，自己确实成为香港社会体系、程序制度和文化价值中的一环。

北区工商联创会活动当天，有2 200多名嘉宾参加——这比全港各区工商联成立时出席的人数都要多；后者成立的典礼上，有1 000多人出席。

参加创会活动的2 200多人当中，来了不少香港特区政府的主要官员、立法会议员、区议会议员，还有民建联、新民党和自由党等政党领袖；此外，港区全国人大代表陈勇、吴秋北、蔡素玉等都是肖凯的座上宾。来自商界的出席嘉宾更多，从全国工商联副主席邱达昌，到各个商会的会长会董。他们当中很多人还给肖凯及北区工商联写了贺词。

而愿意参与北区工商联的会董们，在工商联成立当天已经有40多人。工商联并没有对准入门槛做出明确规定，但在全港各区工商联的官方网站上，解释了工商联的"会内成员都是香港各区的工商翘楚"。而北区工商联的会董和会员们分别来自规模不同的企业，有已经在港股上市的公司CEO，有零售、商贸、高科技、教育、物流、房地产开发、传统能源开采、新能源等行业的企业主。

吴为赞说，这些加入工商联的企业没有规模大小的限定，但会长需要判断他们的企业是否能够经营下去。一个企业主能够把企业从小做到大，足以证明这个人有能力；也说明他所处的整个行业有机会成功，这些都可以为工商联其他成员的商业投资提供参考。

北区工商联的一部分成员，来源于肖凯从哈工大香港校友会中带来的校友。这些通过学校联结起来的校友是一股不可小视的商业力量。

2018年7月，创立北区工商联的一个多月前，肖凯给陈永生发了一条微信："哥们儿，我有一个事儿，是一个挺好的平台和机会，请你参加。"

这对陈永生来说正好是一次机会。陈永生刚到香港时，为一家本土券商工作，之后转到了中信银行做投资。直到2013年，他搬回深圳，在那里创办了一家投资基金公司。2018年，这家投资公司收购了一家港股上市企业。几个合伙人中，陈永生算是比较熟悉香港，也比较熟悉投行的。于是陈永生承担起了香港、深圳两处跑的责任，频繁地到香港出差。

差不多在收购上市公司的同时，肖凯向陈永生发出了加入工商联的邀请。陈永生觉得，加入香港北区工商联，正是"杀回香港"的好机会。因此，他顺理成章地成为北区工商联创会成员之一。

胡大为也是通过哈工大香港校友会认识了肖凯，受邀成为北区工商联的一员。胡大为和肖凯是同一届毕业生。1998年，广东佛山人胡大为因为"想要离家远一点"这个单纯的原因，北上哈尔滨工业大学读化工系。哈工大本科毕业以后，胡大为去了韩国做生物芯片。2018年，他在深圳成立了一家化工贸易公司，长居深圳。由于母公司在上海的缘故，胡大为也经常往来于上海和深圳之间。

之前胡大为也曾受邀参加过不少社团，但他认为，自己做的大宗贸易并不像零售行业那样需要拓展大量商业资源。大宗贸易是个很小的圈子，只需要维系行业内几个稳定的客户和供应商就好了，参加那些为了积累商业资源和人脉的社团，并没有太大好处，因此，他都拒绝了。

但从北区工商联成立以来，胡大为连续参加了好几次商业访问活动。他并不单纯为了生意——当工商联将不同行业的人都聚在一块儿，胡大为可以看到其他行业的企业做生意的思路，这能给他带来一些启发。"当然啦，如果有合适的商业机会我也去做。"胡大为说。

胡大为还对工商联抱着另一个实际的期望——商界组织起来的力量往往能够游说或者推动一部分政策的实现。胡大为认为，或许可以借助工商联的活动，与政府拉近关系，进而可能参与协商一些未被明确分类的进出口产品关税类目。

2019年4月17日一大早，胡大为从深圳出发，3小时后，他出现在上海浦东东怡大酒店大堂。等肖凯和其余20多名北区工商联的会董到齐后，浦东统战部的领导已经等在二楼包间门口，排成一列，依次和到场的香港北区工商联会董们握手。

当晚一共分成四桌，席位上已经放好了每个人的名牌。跟肖凯一桌的是上海市浦东新区统战部副部长施炳弟、侨务处处长李亚山、全港各区工商联会长卢锦钦、前任会长吴为赞、香港上海浦东联会会长姚征等。其他几桌都是香港北区工商联各个会董，每桌都会安排一至两名统战部的主任科员，以尽"地主之谊"。

大家落座后，相互介绍了各自的成员。"我们此行……是为了学习上海浦东的精神，学习上海改革开放以来的发展成果，这些都是北区工商联学习借鉴、交流思考的地方。"和往常做的每次公开发言一样，肖凯即兴说了一段这次访问的主题，但他的流畅程度仿佛已经将讲稿烂熟于心。

双方举杯，晚宴正式开始了。

北区工商联来了将近一半的人，这算是北区工商联创会以来规模最大的访问之一。肖凯的助理庄仪手上，常年拿着一份工商联的详细活动安排表，会董或成员们会根据出访目的地、个人安排，以及他们对访问的流程预判决定是否参加，拜访各地的行程往往排到了几个月之后。

尽管北区工商联2018年下半年才成立，但这个组织几乎每个月都有活动，每个季度都会有一次外访。除了这次上海参访，规模比较大的几次还有2019年深圳坪山、菲律宾和印尼"一带一路"之行，以及后来的黑龙江考察交流之旅。

如果在网上搜索"全港各区工商联"这个词条，大部分结果都是"到访""考察""参观"。联络各行业人脉资源，寻找投资合作机会，是工商联成员们日常的主要活动。不过，各个工商联成员会都是独立运行，没有从属关系，因此，会长们拓展资源的能力和服务意识决定了各自成员会的活动内容和频率，而且每位成员都得按照先到先得的原则报名。

香港境内其他政商组织，大多只在香港本土进行商业投资活动，"其他区的会长没有这样的人脉和资源，或者说没有这个意识。因为香港很多工商联的会长就在本地转。"作为唯一一个在内地土生土长的创会会长，肖凯的背景成为他的优势——拥有投向内地广阔市场的视野。

在北区工商联，香港人和内地人大致各占一半。工商联也被分为两条线，一方面吸收驻扎在香港本地的"香港人"，譬如有几个香港的村长也是工商联的会董，这正是陈永生佩服肖凯的一点，他觉得肖凯的厉害之处就在于"能搞定香港这么本地的角色"。

陈永生也在贡献自己的力量，深圳坪山的访问就是由他牵头组织的。陈永生除了拥有上市公司CEO的头衔，现在同时是香港科技大学的在读博士，他的导师和另外几名院士因为在谈研究院的项目合作，和深圳科创局的领导走动频繁。

深圳过去的发展一直注重南部和西部区域。在2016年初的深圳市委六届二次全会上，时任深圳市委书记马兴瑞正式提出，深圳要实施城市东进战略，提出要打造龙岗、坪山中心，建设与西部中心功能协同、交相呼应的东部中心。深圳当地有一句话，"西有南山，东有坪山"。坪山位于深圳东面，原本下辖于龙岗区，2017年独立划为新区以后，被规划成生物科技、新能源产业的聚集地。

作为深圳"地最多的区"，在东进战略的规划下，坪山被认为是极有发展潜力的行政区。因此，坪山区委统战部很欢迎带着投资意愿前来拜访的肖凯一行人。在北区工商联访问坪山几个月以后，2019年春节前，坪山区委还派人到香港进行了回访。

不再满足的年轻人

在工商联遇到的企业家们仿佛针毡一般时不时刺激着肖凯。尽管他们运营的大都是中小型企业,但他们白手起家,通过自己的努力使少则数十人、多则上百人的公司顺利运转,是非常不容易的成绩。

他开始反思自己的投行人生。

尽管肖凯一开始是出于非常实际的目的而非个人兴趣选择了金融行业,但他是"干一行爱一行"的人。有人形容,在投行工作就是卧在铁轨边,听着中国经济列车呼啸而过。这个行业让人迅速穿过时代的真相和噪声,给人以俯瞰世界的征服感。当汗水和努力带来物质上的丰厚回报,兴奋感和成就感很容易在当下获得确认。

但肖凯渐渐地发现,他已经失去了一开始投身这个行业的满足感和幸福感。算起来,2016年成立教育集团以前,肖凯已经在金融行业工作了八年。尽管投资涉及各行各业,每一次项目的金额也大不相同,但在肖凯看来,不论是民企、国企还是外资项目,不管大小,投资人做项目的流程都是一样的。

肖凯突然意识到，如果继续这样的生活，资本和金钱不过是一串数字，潮水般涌向不同行业或项目，日复一日。

和肖凯一样，疲倦的投行从业者不在少数。金融行业流动性巨大。新人入局、老人出局，若身处其中，就一刻也无法停下，只能一直前进。走到极致、一辈子从事投资的华人投资者凤毛麟角，即使像惠理集团的谢清海或是江平这样的顶级投资人，也大多在高盛、美林、雷曼这样的大行舞台演练过。

那么，出走的投行人都去哪儿了呢？在肖凯看来，投行人尽管活得挺光鲜亮丽，大部分实现了财务自由，但他们在从业几年之后，拥有的只是"钱"，而不是可以撬动的"资本"。一般来说，投行人的出路往往有三条：

自主创业，兴办实业；

成立私募基金；

去上市公司当一名管理者。

在肖凯眼中，优秀的投行创业者代表之一是经济学家胡祖六。1997年，胡祖六加入高盛集团。13年后，他在高盛做到合伙人及大中华区主席；随后又离开，创立了全球性投资机构春华资本。春华资本连续参与了蚂蚁金服的A、B两轮融资，同时也是菜鸟网络的首轮投资方之一。2016年，春华资本还与蚂蚁金服联手，以4.6亿美元入股百胜中国。

再譬如，沈南鹏的投资系统颇有章法。2005年，沈南鹏和红杉资本共同创办红杉资本中国基金，从此被称为"创业者背后的创业者"。在他构建的投资体系中，红杉中国专注于科技传媒、医疗健康、消费品服务、工业科技几个方向，先后投资了500多家企业，其中就包括阿里巴巴、京东商城、蚂蚁金服、今日头条、滴滴出行、华大基因、DJI大疆创新、依图科技、诺亚财富等各个行业的明星企业。

这种系统化的投资，一呼百应，投资的量级在几十亿上百亿，"指哪打哪"。参与其中的投资家也因此见证了被高度浓缩的中国现代经济发展史。

肖凯清楚地认识到，自己一两个亿的投资都是"小打小闹"。尽管他拥有对金融行业的情怀与追求，但自己与优秀投资家的差距就摆在眼前。他深刻地意识到，自己永远没有办法到达投资行业的最前端——哪怕他已经是中国并购公会的并购交易师，中国内地拥有这个头衔的仅有3 000余人。

从小时候起，肖凯总是希望能成为组织里排在最前头的那个角色。"只要是我认准了，铆足劲儿后就一定要干好。要不就不做，要做就做最好。"

既然在投资这个领域没法做到最好，那就换一个赛道——创业。

6 崭新的赛道（2016—2019）

肖凯相信，自己从办学延伸到金融、科技领域，再纵深到创立教师培训学校，是从点到线，这条线迟早有一天会成为一个面，最后成为一个庞大的系统。

"赌了一把大的"

/ 太 太 反 对

2016年初,肖凯36岁,身边做投行的同龄人都在削尖脑袋想挤进高盛或摩根斯坦利这样的投资大行。他却跳出舒适区,在香港注册了一家公司,简称香港剑桥教育集团,从证券公司一脚跨进了看似风马牛不相及的教育行业。

36岁前,肖凯的整个人生轨迹正如他所说,一直跟随政策方向走在符合大众期待的主流中,但现在,他却拐了个弯,赌了一把大的。注册这家公司时,肖凯就默默立下一个目标,要把剑桥教育建设成中国前三的教育品牌。

不少人一提起教育行业,总会想到俞敏洪在1993年创立的新东方。但肖凯并没有视从英语培训起家的新东方为竞争对手。事实上,他压根儿就没在行业内找寻竞争目标。

当时的肖凯将李嘉诚视作研究对象。这个号称"超人"的企业家以生产塑胶花为起点，在20世纪70年代国际原油市场经历两次石油危机、1997年的亚洲金融风暴后，集团公司依旧平稳发展，业务范围还在持续拓宽。李嘉诚向来以严格控制产业负债率出名，他将所有的项目都变成了资产回报型的生意。

这种谨慎重视现金流的投资方式给了肖凯一种启发。他认为，教育也是这样一种资产回报型的行业，只不过跨越的周期更长，责任更大。

现在回想，肖凯对教育的情结可能在童年时就埋下了——身为教师的母亲当时身体力行诠释了教育的本质。成年后，他也一直从书本和历史中参透教育的力量——即便在中国最积贫积弱之时，教育也以坚韧的力量烛照困局。抗日战争时期，北京大学、清华大学、南开大学三校被迫南迁，先以国立长沙临时大学的名义在长沙组建，一学期后迁至昆明，改称国立西南联合大学。这所诞生于战火之中的学校，存在不到九年，但给中国和中国教育事业带来的影响，至今仍在。

更重要的是，肖凯在投资中见证过，也帮助过不少企业从一家小型公司一路走到上市。他此时希望，自己也能拥有一家从零开始的公司，并且可以代代传承下去。

创立一家教育公司的想法，让长久处于金融圈、渐渐陷于精神疲惫的肖凯重新找到了兴奋感。"前几年积累的社会资源、一直在增长的能力，终于不用白白地扔在重复的金融工作里了！"

不过，当肖凯像往常一样把决定告诉太太时，太太提出了反对意见。

在肖凯眼里，从学生时代起，太太就是个极具科学素养的科学家。她严谨理性，耐得住寂寞，"直到现在都还愿意去看枯燥的文章"。在他们的第一个孩子出生前,肖凯与太太的生活重心都放在事业上,彼此独立、互不依赖。孩子出生后,成为母亲的太太心境发生了变化。这个向来追求完美的女性,在面对孩子时又被完美主义"挟持"了,她生怕自己做错了哪一步,影响到孩子的健康成长——她因此希望肖凯能在孩子的成长过程中有更高的参与度,也希望肖凯能多帮帮她、多关心她。

太太的脑中有一副理想生活的模样,在两人组建小家庭后,被渐渐勾勒出来:几个孩子、稳定的工作、好脾气的丈夫、美满的家庭。她相信,如果肖凯一直在他熟悉的金融行业走下去,会一步步通往投行的最顶层。即便是现在这个情况,生活也非常稳定,十分富足了。

这样的状态下,创业还有什么必要呢?在零基础的教育行业从头开始,难道不是一种折腾吗?

太太的担心不是没有道理——"外行人"涌入教育行业最后宣告失败的例子为数不少。以中国最大的家电玻璃制造商秀强股份为例,这家公司自2015年起开始布局幼教业务。前期花费2.1亿元收购杭州全人教育,2016年又花费2.14亿元买下江苏童梦,还部署了南京秀强和徐州秀强两家主营幼教业务的全资子公司。但投入教育两年以后,秀强股份的幼教板块节节亏损,从2017年5 000万元亏损扩大到2019年的1.39亿元,幼教部分所有公司无一盈利。

教育业务成了秀强股份的包袱。2019年6月,秀强股份发布公告表示,鉴于国内教育行业新政策的出台及上市公司幼儿教育产业未来经营情况的不确定性,公司将以2.81亿元的价格变卖幼儿教育业务经营性资产和相关负债——远低于几年前公司的收购价格。

投入大量资金和时间后,秀强股份跨界教育以失败告终,只能重回主体业务,重点发展智能玻璃、智能家居等科技实业,以求提升公司的资产质量和赢利能力。

在妻子看来,换一条赛道重新发展,既意味着风险,也意味着肖凯会将大量时间和精力投入创业,分走原本属于家庭的时光。

不过肖凯已经下定决心。

他做出一个决定,就势必得到一个结果。肖凯经常对人提起自己"做一事成一事"的故事:上高中时,他暗自发愿要考上好大学,果真考上了;上大一的时候,他希望当上学生会主席,也在大二实现了;到了香港,想要参与当地事务,他也最终成功加入了香港的大商会并成为核心领导层。

这些事情不断累积,完成闭环,并形成正向反馈,一直给肖凯带来积极的心理暗示,刺激他迎接更高难度的挑战。这次创业,他也势在必得。

为了说服妻子,肖凯和她做了个约定。太太担心他分身乏术,会因为工作牺牲和家人的相处时间,他就保证之后每周工作日,一定会有一到两天回家吃晚饭,周末一定会花一天在家陪小孩,在家里一起吃饭。

尽管依旧不支持肖凯的创业决定,太太还是就这样默许了。她在肖凯成立教育集团后,时常在教学质量、师资力量等方面给出自己的建议。她明白,这是肖凯一心希望达成的事业,她在力所能及地帮助他在这条路上走得更长远。

2015年11月,肖凯第一次萌生了进军教育行业的想法,仅仅10个月后,剑桥的第一和第二所学校(南昌市新建区剑桥东方爱幼幼儿园和抚州市黎川剑桥博雅幼儿园)同时在江西落地。

但这之前的准备,肖凯却花了将近两年时间。

/ "身份认同解决了"

2015年初,肖凯的大儿子还不满一周岁,夫妻俩开始考虑如何为孩子在香港挑选幼儿园。那时候他就开始关注教育行业。

一则新闻闯进了他的视野。2015年1月7日,李克强总理主持召开的国务院常务会议上,讨论通过部分教育法律修正案草案,其中明确指出,"对民办学校实行分类管理,允许兴办营利性民办学校"。在肖凯看来,这个草案的修订实际上帮助民办教育获得了"身份认同"。

这对内地教育行业来说是件大事。这次会议之前,《教育法》规定:"任何组织和个人不得以营利为目的举办学校及其他教育机构。"虽然《民办教育促进法》中规定,民办学校在扣除办学成本、预留发展基金以及按照国家有关规定提取其他的必需的费用后,出资人可以从办学节余中"取得合理回报",但对于"合理"的具体界定,则没有明确说明。

中国低幼龄儿童的家长们常说"孩子上学难",但说得更确切一些,他们指的是上公办学校难。究其原因,是因为公办幼儿园僧多粥少。政府的投入补贴使得公办幼儿园的收费比民办学校要低,但是因为它们对招生片区、规模等各方面都有限制,因此只能满足小部分人的需求。

因此,政策对营利性民办学校的开放对民办学校来说是一件好事。尽管民办教育促进法草案三审稿在2017年才正式通过,但嗅觉敏锐的从业者和投资人已经开始有所行动。

就连过去从未涉足教育领域的企业都纷纷开始跨界。教育行业内被称为"幼教一哥"的威创股份曾经是一家电子制造业公司，但如今它是国内儿童教育服务领域合作机构数量最多的公司之一，幼教业务为公司创造了超过一半的利润。

2012年，当时还从事电子制造业的威创，业绩开始出现下滑。2015年，它在幼教行业砸了18.68亿元，先后并购了定位中低端消费人群的红缨教育、定位中高端人群的金色摇篮等幼教品牌。这家公司不光成功转型，还成为A股红极一时的幼教概念股。同一年，公司股价一度大涨200%。威创2018年年报显示，旗下的儿童成长教育品牌共向超过5 500家幼儿园提供服务，还拥有超过700家儿童社区学校、儿童早教合作客户。

而威创只是资本涌入教育行业的一个代表。大量热钱进入学前教育，使得它的市场规模在2018年达到了2 300亿，是发展尚未成熟的托育市场的4倍多。

十几年前，民办幼儿园原本只是为了协调公办幼儿园资源不足时的"补充"。但近几年来，一部分重视高品质教育的家庭开始寻求更高端的幼儿园教育。这种需求自然催生了一批资本化运作的高端幼儿园，譬如昂立教育旗下的高端自营幼儿园、电光科技跨界持有的中高端幼儿园、时代出版负责投资与管理运营的高端幼儿园，这些品牌都是涉及学前教育的A股上市公司。

基于几年来的投行训练和投资眼光，肖凯看到了教育行业的发展势头，很快扎了进去。同时，他明确了要做高端幼儿园的方向。

事实证明，他的判断非常正确。2018年11月，《关于学前教育深化改革规范发展的若干意见》（下文简称《意见》）引发了教育投资领域的震动。这则《意见》的第24条"遏制过度逐利行为"指出：

"社会资本不得通过兼并收购、受托经营、加盟连锁、利用可变利益实体、协议控制等方式控制国有资产或集体资产举办的幼儿园、非营利性幼儿园……当地教育部门应对相关利益企业和幼儿园的资质、办园方向、课程资源、数量规模及管理能力等进行严格审核,实施加盟、连锁行为的营利性幼儿园原则上应取得省级示范园资质。"

这代表过去正在愈演愈烈的教育行业"产业化"被管起来了——国家规定,到2020年,普惠性幼儿园的覆盖率(公办园和普惠性民办园在园幼儿占比)需要达到80%,营利性幼儿园的资质也将受到严格审核,这增加了办园的成本。政策执行初期,一些幼儿园从业者干脆放弃经营转而将旗下的中端营利幼儿园高端化,希望从20%的市场中获得更高的溢价。

上文提到的威创股份也受到了新政策的影响。在2020年初,将预计2019年度归属于上市公司股东的净利润由盈利7 922.28万元至1.58亿元,修正为亏损11亿元至14亿元。公司在公告中解释,由于2018年底国家颁布学前教育相关的规范性政策,公司部分合作幼儿园的服务与产品采购能力、采购意愿以及持续合作意愿均受到一定冲击。

对比之下,政策变化后,由于起初定位准确,肖凯创办的香港剑桥教育集团受到的影响很小。

肖凯后来回忆自己对政策的敏感还要归功于大学时期母校的培养,"当时我们很多老师和领导就说,你看我们的杰出校友李长春、王兆国等人,读大学的时候就看《参考消息》",老师们的话牢牢印在肖凯心里,几年大学生涯,他一直保持着看《参考消息》的习惯。工作以后,他对政策的感知能力升级了。"美无处不在,关键在于发现。"这句改编自法国雕塑艺术家罗丹的话被肖凯应用在政策解读上。他常常对同事们说："美的范围很广，政策上的美，在于有没有落在执行上。"后来香港剑桥教育集团去任何一个城市建新校之前，基本攻略就是先看地图——按照政策对照地图寻找目标。

/ 到英国去

肖凯没想到，十年前没去成的英国，如今以这样的方式和自己相遇了。命运有时就是这么爱开玩笑。

2005年，肖凯研究生毕业后的首选是去英国深造，结果阴差阳错之下与它失之交臂。2015年，肖凯决定再次以英国为起点，开始教育创业之路。

在计划成立"香港剑桥教育集团"这个公司之前，他专程去了一趟英国。肖凯始终认为，英国的教育体系经过几百年的沿革，日臻完善。英国的教育水平始终位于世界前列。"从历史角度看，今天备受追捧的美国教育体系也是从英国输出的结果。"肖凯说。

英国是世界上最早发展幼儿教育的国家。1816年，教育活动家欧文在新拉纳克正式创办了第一所幼儿学校；1824年，英国"幼儿教育协会"成立，进一步推动了幼儿教学机构的发展。作为幼儿教育开创者，英国幼儿教育福利覆盖范围非常广。不仅如此，2008年，英国政府颁布《儿童早期奠基阶段》，为国内所有0～5岁阶段的幼教机构及工作人员建立了一套关于儿童学习、发展和保育的统一标准。

"要创立一个教育集团，学习最先进的总没错。"肖凯说。短短七天，他的日程本里排满了拜访活动。他不仅参访了英国一些比较有名的国际幼儿园和国际学校，还认识了英国当地的华人社团领袖，拜访了几名英国上议院议员，其中一位议员是司令勋章获得者蒂姆·克莱门特·琼斯勋爵。这位老先生和中国有着千丝万缕的联系，每年都会接待众多来自于中国各级政府或民间组织的代表团。他从1998年起就开始担任英国国会跨党派中国小组的副主席，也曾担任华为技术有限公司国际咨询委员会成员。这次，肖凯专程和他交流了在中英两国办教育的想法。

在英国，这些教育机构的体系和理念给了肖凯很多做高端学前幼儿教育的启发。现在，香港剑桥教育集团旗下的学校都采用了自己研发的课程，当然这个课程体系借鉴了来自英国教育部的学前教育体系（EYFS），以及接轨国际的IB课程体系。

两个月后，肖凯不仅在香港注册了香港剑桥教育集团，还注册了剑桥白金汉爵、汉铭爵等品牌。对英国教育模式的借鉴让剑桥教育品牌有了一个可以追溯的故事，也让公司有了个名副其实的宣传语："源自英国，来自香港。"

肖凯希望将学校定位成国际化教育机构的决心，从名字就可以看出来——剑桥教育旗下的"汉铭爵"幼儿园，包括深圳龙华区剑桥汉铭爵国际幼儿园、深圳龙华区剑桥汉铭爵学校、南宁兴宁区剑桥汉铭爵幼儿园、驻马店经济开发区剑桥汉铭爵国际双语幼儿园、驻马店经济开发区剑桥汉铭爵双语小学、大连沙河口区剑桥汉铭爵国际幼儿园等。

肖凯对高端幼儿园的思考可以从后来集团旗下一所学校校长的分析中看出，他认为作为高端幼儿园的民办学校相比公立学校更有主动性，体现在课程引进上，除了完成国家的课程设置，会更主动引进科技课程、全人教育的课程。"这是一个教育集团的远见和格局。"此外，老师的融入和教育政策的支持都和普通学校不一样。

在教育集团的学校数量还是零的时候,肖凯就已经对集团如何发展完成了基本构思。他没有急于先开学校,而是先组建了一支队伍。众所周知,阿里巴巴走到今天,离不开那支名为"十八罗汉"的初始队伍;巧合的是,肖凯招的团队成员刚好也是十八个。

/ 也有"十八罗汉"

投身教育行业以前,肖凯已经实现了财务自由。按他自己的说法,创业之前,他已经完成了一个亿的"小目标"。相比大部分创业者来说,启动创业的肖凯是幸运的——不用通过创业路演这样的方式来获得投资人青睐。

投行工作多年的经历也能让他拥有更多融资的渠道和机会。如今,他在香港北区工商联的几个成员都是香港剑桥教育集团的股东,就连全港各区工商联的现任会长,都在集团里有不同程度的投资。

香港剑桥教育集团的股东之一吴为赞这么解释自己愿意加入肖凯团队的原因——四十多年前在香港,他开过幼儿园,后来因为政策原因改行,但一直有着这份情怀,希望有机会重新来过。当肖凯和他提起自己的创业想法时,吴为赞又回想起自己当年未了的心愿。

在吴为赞看来,眼前的年轻人毫无教育行业背景,但显然已经做了大量调研。他滔滔不绝,展开了非常详细的计划。"他是踏实做事情的,也有前瞻的理念。"吴为赞在听完肖凯的想法后,有了信心。他对那个阶段肖凯的评价是:"很有魄力,也很敬业。"

正如新东方创始人俞敏洪在自传中说的那样："任何一项事业，都不可能是一个人干出来的。"在创业之初，俞敏洪就拉来他在北京大学的同窗起步——徐小平和王强也都是他特意飞到国外请回中国的创业伙伴。

而肖凯并没有教育行业的基础，一个行业外的人，必然要花费心力说服行业内的人来参与这项事业。2015年底，肖凯就开始通过好朋友寻找志同道合的人才。"有些人是盲干，为了干而干"，而肖凯在组建团队时，对团队架构已经考虑得非常清楚了。

他找的是三类人：教育、服务和资本。

教育是最核心的部分。肖凯需要找几个熟悉学前教育的校长或老师，但他没有找那些已经在资本化的教育行业中取得成功的从业者。肖凯认为，这些拥有成功经验的集团高管不一定愿意加入自己当时还很小的团队。即便是愿意加入，对方也可能会有更为实际的要求，而这些要求集团当时是很难满足的。

另外，肖凯构想中的教育集团，应该超越教育领域从业者的思维限制。他的思路是通过资本的力量和专业服务的力量去推动教育行业的发展，"跳出传统思路做教育的框框"。教育领域从业者过去取得的成功可能反而会影响肖凯的创业节奏，成为桎梏。因此，香港剑桥教育集团的创始团队中，没有一线的教师。肖凯找了一名过去曾创立幼儿园的校长，还找了一些具有教育学历背景的人才。他们大多拥有清华大学、香港大学、香港中文大学等中国内地、中国香港或海外优秀学校的教育背景，同时对海外和国内教育行业有着深刻的理解。

教育集团的服务，除了师资力量以外，还包括海外游学、联合培养、培训机构等资源。"我的师资可能一开始不如其他学校那么厉害,但我可以在服务上下功夫。我的合伙人、我在投行工作接待过的一些客户,都具备这些资源。"因此,肖凯不需要在寻找"服务"的人员上面多费心。

最后一方面——资金,这一直就是肖凯的优势。过去的教育集团办学往往使用自有资本运作,但这样的运作效率不高。而2017年的民办教育促进法草案三审稿的通过,意味着"加杠杆"的可能:草案中表示,民办幼儿园可以通过现金流发行ABS等创新金融工具来扩大办学资金来源。肖凯也用上了譬如银行贷款、授信、融资租赁等金融工具。"这就是我的老本行了,我们在这方面是非常有信心的。"

通过猎头公司的追踪和朋友圈的推荐,肖凯在三个多月内频繁面试了很多人。最终,一支十八人的种子团队建立起来了。尽管是一支创业队伍,但肖凯完全是按照上市企业的模式和框架组建的:这十八人当中包括六位博士、五位硕士、七位学士。除了拥有教育背景的成员外,团队也有专门负责财务、行政、市场推广、渠道关系维护和品牌宣传等不同功能的专业人才。为了纪念初创十八人团队,肖凯将集团微信公众号的尾号设置为657,对应的就是团队中的六位博士、五位硕士、七位学士。

肖凯庆幸自己"生逢其时",赶上了学前教育刚刚起步的时期,而且民办教育也解决了"身份认同"问题。在政策放宽的大背景之下,他又组建了一支优质的团队,他们有能力,也有国际化的视野。

现在回想起来,肖凯认为是自己当时的愿景感染了团队成员。他给出的薪资和待遇并不是行业内最具竞争力的,而这群愿意跟随他的成员,对教育有信念,更愿意相信"肖凯这个人能把这事干成,也确信肖凯说了什么,将来有可能做到"。

共同的信念和相互信任的默契将18个人撮合到一起，一直走到现在。四年过去了，他们当中只有两名成员离开了剑桥，这种凝聚力对于一家尚处在初创期的公司来说，非常难能可贵。

当然，"用信念发电"并不是一种健康的模式。长久基业需要有稳定的组织架构和合理的利益分配。俞敏洪从新东方成立至今超过二十多年的时间里，反复经历了如何管理人才、如何跟合伙人搞好关系、如何进行利益分配等等问题，他的答案也在不断更新、不断调整。

肖凯在过去的投资生涯中，看过不少企业创始人与股东争夺控制权和利益的案例。为了避免自己丧失对集团的控制权，他从一开始就给大家分配好了股权结构和董事会的架构。他是大股东，其他成员按照各自的比例分配。

而公司的架构则根据不同业务分为几个事业部，包括学前教育事业部、K12教育事业部、艺术教育事业部、智慧教育事业部、投资和资产管理中心事业部，以及人力资源及行政事业部。各个事业部独立结算，实行扁平化管理，并直接向他汇报。

一家创业公司，尽管人不多，可是清晰的架构决定了企业当下的决策是否高效，也决定了它日后能走多远。

为未来准备

从一开始，肖凯就按照上市公司的配置去组建团队，他特意绕开了老资历的教育从业者，避免陷入传统从业者的思维局限当中。这个思路，后来被证明是正确的。

香港剑桥教育集团在江西从当地一家名为"东方爱幼"的教育公司手中收购了两所幼儿园。东方爱幼的创始人谭敏娟博士就是肖凯口中拥有教育专业背景，又一直从事教育行业的典型。

谭敏娟是北京师范大学的博士毕业生，做了二十年学前教育，开了三家幼儿园，"就是做不大，累得要死"。肖凯认为，最大的原因在于谭敏娟没有足够的资金，也没有"合适的支援团队"。谭敏娟的团队里只有几个经验丰富的教师，没有配备行政、财务、法务，更没有负责政府关系的公关或是品牌推广人员。

没有资金，就没有办法向外拓展业务；没有团队，就没有办法打响自己的品牌。

而肖凯组合团队的方法，使得核心成员如同特种兵，能够将学校项目快速推进。从四年的发展来看，香港剑桥教育集团旗下学校在保证质量的前提下快速扩张，正是得益于这个团队在各个环节上的协调疏通和紧密协作。

从2016年中开始，香港剑桥教育集团就开始着手研发第一套属于自己的绘本教材。

"品牌一定要有自己的核心竞争力。"肖凯认为，一套标准的绘本教材对于一个教育集团的重要性，就如同IOS操作系统之于苹果。而从代理销售交换机起家的任正非，正是在几家供货商切断供应后，开始走上自主研发的道路，才成就了如今的华为。

香港剑桥教育集团在教材研发以后，都会第一时间申请专利和著作权。仅仅在2017年一年，就登记了十几项软件著作权、一项发明专利及上百项作品著作权。

不过，绘本教材的开发并非一日之功，让各个幼儿园由衷地接纳一套新教材、一套新思路也并不是件容易的事。

被香港剑桥教育集团收购前，谭敏娟的几家幼儿园尽管有"东方爱幼"这个共同品牌，却没有形成统一和成体系的管理思路，用的教材也比较杂。肖凯评价这位教育资深人士的幼儿园，"没有自己的东西"。

"自己的东西在哪儿呢？"谭敏娟反问。

此时，香港剑桥教育集团教材才出到第一套，剩下的教材出版还需要时间，而且这是一项需要持续更新的进程。谭敏娟不免担心教学的完整度，她问肖凯："什么时候能完成？"

"一两年之后。"肖凯回答，不过他非常强势地告诉对方，"你现在就得用。认可得用，不认可也得用。"

肖凯后来解释了自己强势的原因。他认为谭敏娟在教育行业深耕二十年，尽管口碑不错——她旗下的其中一家幼儿园还是市级示范幼儿园，但在外人看来，东方爱幼幼儿园办学没有自己的原创内容。"教育不能这么干。"他需要尽快扭转对方的思路。

对这位拥有二十年教育经验的园长来说，这样的评价有些令人难以接受。尤其当她过去的管理和教育思路已经形成一种惯性时，要融进肖凯设定的新框架，并非易事。

但在一年多的时间里，肖凯不断和谭敏娟沟通。他没有端着高高在上的董事长架子，而是经常向谭敏娟询问教育管理的问题，给予专业人士应有的尊重。在沟通中，他也在不断强调自己构建的框架："让这些思路入心、入脑。对方理解了，才会真正愿意执行。"

谭敏娟很快就了解了肖凯开诚布公的为人，也渐渐理解了他的想法和用心。这位对教育颇有情怀的专业人士，也对肖凯坦诚相待。她比肖凯的年纪要大一些，还是尊敬地叫他"哥哥"。两个人如今走在同一个方向上，肖凯也放心地将幼儿园放权给她管理——谭敏娟如今的角色是，香港剑桥教育集团副总裁兼幼儿园总园长。

现在，谭敏娟对办园也有了统一清晰的思路。2018年，本就拥有市级示范头衔的抚州市黎川县剑桥东方爱幼博雅幼儿园再次升级，获得了江西省级示范幼儿园的称号。要知道，政府对于省级示范幼儿园的评判标准提出了很多明确且细致的资质要求，譬如运动跑道有多长、消防设施等硬件设施是否满足标准，也囊括了教学条件、餐饮安全等几百条运营标准。政府教育主管部门为幼儿园打分，幼儿园只有符合这些评分标准，才有资格被授予省级或市级示范幼儿园的头衔。

2019年底，香港剑桥教育集团出版了六套绘本教材，全部投入幼儿园使用。为了让绘本文化普及开来，集团不但印刷了纸质书，还做了线上版本，并找老师录制了音频，让它们成为有声绘本。2019年11月，大连剑桥汉铭爵幼儿园还与大连法语联盟联合大连新华书店共同举办了一场绘本读书会，儿童绘本画家巴鲁先生从法国来到大连，带来了他在中国出版的两本书，与小朋友和家长分享有趣的故事和可爱的插画。

尽管这些绘本在短期内并不能直接产生效益，但肖凯依然认为这是件值得做的事情。在他看来，他在教育内容上做投资，就如同科技公司在暂时无法盈利的研发业务上搏一个未来。"不要忽视原创内容的投资，哪怕它不产生任何经济价值，或者短期不产生任何价值，都要舍得投入。你在为未来做准备啊！"肖凯说。

曾任阿里巴巴集团执行副总裁、参谋长的曾鸣曾经将当下的中国市场称作"三浪叠加"的时代。意思是，中国市场的复杂和多维使得一个行业的传统模式和创新模式能够同时存在其中：1.0代表传统模式，2.0代表眼下风头正劲的模式，3.0代表未来的趋势。

不少人虽然相信3.0模式的未来，但觉得未来遥远，便抓住了眼前能获得巨大利益的2.0模式。在实际中，当一个企业的大部分资源都投入到2.0模式时，其实很难再去吃3.0模式创业的苦。肖凯见过不少通过资本力量扩张的教育集团，旗下拥有大量学校，但它们都没有一套完整的教育体系，更不会选择开发一套教材。

"那样的扩张是立不住脚的。"肖凯说，"我们一定得有一套属于自己的东西。"

在可以大规模扩张的时候，肖凯选择放慢脚步，转头直抵教育的核心，它在未来可以转化成一股驱动的力量。

"当3.0模式的'浪'真正打来的时候，往往只有那批专心致志、苦苦探索3.0模式的人，才能够快速地奔跑起来。"曾鸣在《智能商业》中这样写道。

躬身入局

/ 旗开得胜

一举在江西拿下两家幼儿园，是肖凯创业至今最有成就感的事。

核心团队组建以后，肖凯就一直在全国各地寻找合适的项目。"十八罗汉"之一的李玲为他介绍了一个江西南昌的项目，李玲也是剑桥教育的创始股东，是北区工商联的创会副会长，出生于江西，因此在当地颇有人脉。

在这座拥有900多所幼儿园的城市中，本地人公认最优质的几乎都是公办幼儿园。一家南昌当地媒体在2019年列出的前十名幼儿园榜单中，位列前五名的都是隶属于江西省委或省政府机关的公办幼儿园。和整个国家的幼儿园供需情况一样，南昌当地的公办幼儿园数量极其有限，仅占全市幼儿园总量的25%。公办园稀缺、分布不均的状况使得幼儿入学成了一件难事。

大量溢出的幼儿只能由民办园承接。南昌当地家长对教育质量要求颇高，这给了高端定位的私立幼儿园存在的空间。南昌一家媒体2019年也曾报道，即便不少民办幼儿园每年学费动辄三四万元，而且每年的费用都在上涨，但这些幼儿园根本不愁招生。

譬如由上海绿地集团与江西广播电视艺术幼儿园合作办学的广电滨江豪园幼儿园，一年学费3.6万元以上，价格每年还有小幅度的增长，但这所学校的招生名额每年都爆满。也有家长向媒体抱怨："非常难进，前两年我费了九牛二虎之力，才让孩子能在广电幼儿园就读。"

在那份排名前十名幼儿园的榜单中，上榜的三家民办园走的也都是国际化的高端路线。

肖凯也做了调研，他明白在这座高端民办园颇有市场的城市，要是能拿下项目，那么获得口碑、办学成功的机会很大。

通过李玲的介绍，肖凯得知这个项目的开发商已经和当地一个名为"东方爱幼"的教育企业签订了合作协议。他打算和东方爱幼谈一谈，看看有哪些合作方式，便邀请几方人马组了一个饭局。

在饭桌上，肖凯见到了东方爱幼的创始人谭敏娟。谭敏娟当时在江西已经有了两家幼儿园，加上这次即将拿下的项目，算是第三家。她刚与开发商成功签订了协议，理应开心，却表现出一些焦虑。尽管肖凯不知道发生了什么事情，但他在聊天中敏锐地捕捉到了一些信息，也不好直接开口问发生了什么，只是很自然地聊起了幼儿园相关的话题。

聊着聊着，肖凯才明白，谭敏娟旗下的一家幼儿园因为租约纠纷，将面临场地被业主收回的问题。谭敏娟二十年前就创立了"东方爱幼"这个教育品牌，一路发展下来，在江西的口碑很不错，但目前她的团队规模不大，扩张速度也很慢，还做得非常辛苦。这次和业主因为租约起了争执以后，谭敏娟心灰意冷，一度产生了卖掉其他两家幼儿园的念头。

肖凯在一来二去的对话中也发现，谭敏娟并不是只看重利益的人，她内心深处有很深的教育情结，也怀抱崇高的办学理想，她希望自己一手创办的学校有更好的发展。

这种想法恰恰和肖凯的创业目标不谋而合。他立刻做了一个决定——没有等谭敏娟开口，也没有事先问价，他当场直接就给出了一个价格，表示想要吸纳谭敏娟在江西的几家幼儿园。

谭敏娟对学校持续健康运营有着很强烈的渴望，只是苦于不得其法，也没有可供扩张的资金和得力的团队。而肖凯这边，拥有的正好是对方缺少的资金和团队，恰恰又需要一个好的学校项目。

"我这人非常敢做决定。"事后肖凯了解到，他给出的价格比谭敏娟期望的还要高一点。于是，后者很快同意了他的请求。没有任何拖泥带水，两人一拍即合，当天就签订了协议。

潜在的合作伙伴就这么变成了并购对象。

尽管企业家们的日常需要"杀伐果断"，但大部分企业家在面临收购或并购时，总是会留出一些时间考虑这笔买卖是否值得。而肖凯认为："这个价格是合理的。即使最后失败了，这些钱也输得起。"

事实上，他的确需要这个团队。此时香港剑桥教育集团旗下还没有一家幼儿园，肖凯带着初创团队在国内各地考察项目时，屡屡受挫。原因也很简单，如何相信一个由投行人建立的全新企业能够运营好教育机构呢？

他迫切地需要好的学校项目作为起点，从而可以说服政府和开发商信任他，拿下更多教育项目。现在，机会就在眼前，还不赶紧抓住？

香港剑桥教育集团控股东方爱幼后，集团一下就同时拥有了两家幼儿园。一家是2011年就在江西抚州开设的"东方爱幼博雅幼儿园"（后更名为"抚州市黎川县剑桥东方爱幼博雅幼儿园"），它在被剑桥集团收购前，就已经是一家市级示范幼儿园。这家幼儿园凭借开园以来五年的积累，口碑不错，在2016年新生入学时就已经满员了。另一家就是谭敏娟这次新签订的项目，随后更名为"南昌市新建区剑桥东方爱幼幼儿园"，位于江西南昌。这两家幼儿园依然保留了原本的名字和品牌，集团控股以后，多了"剑桥"两个字。

谭敏娟的团队也完全被吸收进了肖凯的教育集团中。她的团队中大多是拥有多年教龄的业务骨干——这正是肖凯所欠缺的资源。

集团在江西落子两家幼儿园一年多后，当肖凯再次和自己的朋友聊起这件事时，他找到了概括它的最好方式。2017年春，肖凯在中国井冈山干部学院封闭学习了一周，从井冈山回来以后，他把这次收购称为香港剑桥教育集团的"胜利会师"。

"这个是战略问题。当你力量很小的时候，如果有能力把比你更强的团队并进来，就是一个非常好的方式。"肖凯说。

"你看人生就是好奇妙，在很多时空当中，很多思维又在某个点结合在一起了。"同时，肖凯正是因为采用这种融合强大力量的方式，让剑桥教育这样一个只有十八人团队的不知名的小公司，开始拥有了第一间学校，并且渐渐扩大版图。

江西的两所学校为香港剑桥教育集团标记了一个出发点，也让肖凯成就感倍增。"有了它，我们才能更好地谈接下来驻马店、大连、广西的学校。"

这次旗开得胜有些意料之外，它离不开当地教育市场的发展时机和肖凯的敏锐嗅觉。但等待他的，并不总是一帆风顺。

／ 滚 雪 球

2015年，原本跟教育行业毫无关联的威创集团通过大量并购幼儿园，实现了快速扩张，并成为A股上市公司中幼儿园数量最多的企业。和这家公司一样，肖凯采取的也是资本的思路。他没有直接建学校，而采取和当地房地产商合作办学的模式，或是采用收购的方式拿下已经形成一定规模的幼儿园。

在中国，不少房地产公司通过"地产+教育"的模式进军教育领域。

早在1993年，因为房地产项目销售乏力，碧桂园建了一所"碧桂园学校"，由当时的广东高等教育出版社常务副社长、副总编辑廖秉权担任学校校长。此举引发社会热议，碧桂园也因此开始正式布局教育。1994年，公司在顺德的住宅项目中搭配了双语学校的配套设施，建立了与北京景山学校合作的碧桂园学校，顺德项目大卖。

如今，碧桂园集团不仅是中国最大的住宅开发商，集团旗下的博实乐教育集团还成为全国最大的K12教育集团，并于2017年5月登陆纽交所，成为当时中国教育集团赴美上市最大的IPO。截至2019年8月，碧桂园在中国九个省份和全球范围内共运营88所学校，学生规模接近七万人。

一个楼盘附近如果有一所好学校，楼盘相对会卖得好一些——当然，楼盘价格也会高一些——这在哪里都是公认的事实。碧桂园是第一个吃到"教育地产"螃蟹的人，现在这种模式已经成为很多开发商的选择。开发商往往还会根据企业的规模、发展规划和现有资源，衍生出很多新玩法。

2017年，德勤会计事务所发布了一份教育报告，指出了教育和地产结合的三种模式：

第一种模式是像碧桂园这样拥有自建教育品牌的开发商，类似的还有万科和阳光城等。它们不仅兴建楼盘，还会自建师资队伍，负责招生和教学服务全程管理。但是自建教育品牌的模式非常"重"，而且教育是一门需要长久运营的事业，对于没有教育资源，也没有充裕现金流的开发商来说，风险太高。

第二种模式是房地产商和教育运营团队的合作办学。房地产商做的依旧是搭建校舍、投资设备硬件这样的"老本行"，教学管理和师资则由教育团队负责。

第三种模式叫作"赞助挂靠"，开发商往往会在兴建楼盘前和名校签约，住在楼盘里的业主能够享受直接入学和学费上的优惠。

肖凯很清楚，教育和地产结合的运营模式和盈利模式不仅符合国家宏观的政策导向，也符合地方政府的利益，因此，政府非常欢迎这样的合作，甚至会主动寻求优质教育集团的入驻。

问题是，政府和项目开发商大多都希望找有运营经验的团队或规模比较大的企业。在一个教育项目公开竞标时，肖凯的团队并不占优势。和那些手里已经有好几个成功运营项目的团队比起来，香港剑桥教育集团团队人数少，项目数量也不多。

最难的时候是在控股江西两所幼儿园以前。早期，集团的大量工作花在组织资源、选择项目，包括和更多的地方政府、房地产开发商和社团建立联系。因为手里没有一个教育项目，肖凯经历了一段被人怀疑能力的日子。政府和开发商对他的不信任，让他曾陷入过几次漫长的谈判。

他想到的第一个办法是"刷脸"。最早组建十八人团队时，其中几名成员就是肖凯为了拓宽人脉和合作资源而邀请加入的。香港剑桥教育集团的股东之一李玲就是通过自己在江西的人脉和口碑，向肖凯推荐了东方爱幼的项目。

尽管集团内部有这样一批能人，能和开发商或政府项目搭上线，但事情并不总是那么一帆风顺。有好几次，肖凯向开发商表达出了合作的意愿，都被质疑打了回来："你是投行出身，没有做过教育，凭什么让我相信你们能做好啊？"

肖凯在几次碰壁后，有些失落。但他没有放弃努力——既然自己没有直接的教育运营管理经验，那就从侧面想办法。"我们要用诚意打动人，尽管现在能力没有体现出来，并不代表我们没有能力。"

肖凯尽可能撬动更多的资源。

2016年6月，哈工大校长周玉院士参加香港中文大学校庆时，顺便与在香港的哈工大校友们见了一面。肖凯主动邀请周玉校长到自己的公司参观，并安排了为周玉校长一行准备的接待晚宴。此次宴请，肖凯邀请了中央政府驻香港特别行政区联络办公室教科部的领导、香港特区政府创科局副局长、香港特区政府资讯科技总监、投资银行摩根大通亚洲区副主席、全港各区工商联会长、上市公司大股东等朋友一起聚餐交流。9月，西安交通大学校长王树国教授也来到肖凯的公司。王树国曾是哈工大历史上第二十一任校长，2002年就任时，肖凯在深研院认识了他。这个哈工大史上最年轻的校长，2014年从东北迁到西北，此刻又在香港理工大学的校庆上遇见了肖凯。他也邀请王树国教授参加了自己组织的聚餐活动，一并邀请了香港的港区全国人大代表、政协委员及部分香港社团领袖同席。

除了与哈工大的校领导见面，肖凯的另外几个头衔也起到了作用。通过吴为赞认识了香港本地有名的企业家后，肖凯尝试着将香港工商联圈子和内地圈子联系起来。尤其在2018年成为香港北区工商联会长以后，肖凯更频繁地通过香港工商联与内地各级工商联建立紧密联系。

在几次工商联的活动中，如果有省级领导接待，肖凯就会事先找到当地教育项目的负责人或是开发商董事长，给他们发去短信："兄弟，你有没有空，一起来吃个饭吧。" 肖凯相信商界对资源的重视，"我都有这个资源了，你还不相信我这个人能做成事吗？"

肖凯为大家留下的靠谱印象和认真作风，一点一点成为证明自己能力的砝码。他逐渐发现，过去铺垫的工作慢慢有成果了。"大量的资源倒置过来了。"他逐渐感受到了政府的认可，深圳市龙华区教育局局长在剑桥旗下的学校做了三次现场办公，这使肖凯切实感受到了来自政府的支持。

通过政府或社团领袖的支持，肖凯拿到了第一批学校项目，又以这些项目为基础，滚雪球一样地拿下更多更优质的合作。到教育集团正式成立第三年的时候，集团不少幼儿园拿到了省级示范幼儿园、市级示范幼儿园的荣誉。"我们的品牌并不是最牛的，但政府越来越认可我们了。"

一些地方教育局也开始主动找上门来寻求合作。"房地产商面临配建学校的问题，他们自己做不了的时候，就要通过当地教育局。"肖凯分析，几年下来，集团获得的一些荣誉，再加上不断更新出版的教材和逐渐完善的教学体系，公司在谈合作时开始拥有更大的自主权。

有一次，肖凯在福建福州访问时，尤猛军市长接待后，主动给主管教育的副市长李春打电话，希望她亲自和肖凯进行教育项目的面谈。更多人会通过关系网络找到肖凯。"昨天还有湖南益阳的一个教育集团主动找我们来合作，我都不知道怎么找到的。"2019年3月，在剑桥教育集团三周年年会当天，肖凯说。

这是让声望和信用"变现"的方法，传统但行之有效。肖凯通过各种活动和饭局，在身边密密地织起了一张人际网络。他以此直接或间接地找到自己需要的人，当别人求助他时，他会牵头引线，帮助不少人间接办成了很多正事。久而久之，他成了这张网里的一个核心节点。哪怕朋友暂时帮不了肖凯，也会留心身边合适的合作伙伴，看准机会介绍给他。如今他所在的各个圈子里，工商联、校友会和香港剑桥教育集团都有层层叠叠的联系。

自从创业以来，没有什么难事能让肖凯忧心得睡不着觉。他大步向前，眼睛随时看路，脑子则无时无刻不在思考，下一步应该踩到哪里。他没有时间忧虑。

/ 从"躲学生"到"找学生"

驻马店市是香港剑桥教育集团第二个扩张的城市，这个位于河南省中部偏南的中原交通要塞，因古时信使、官宦在此驻驿歇马，由此得名。

作为一座内陆城市，驻马店当地的教育资源基本掌握在公立学校手里——由于政府资源的倾斜，公办学校收费合理、设施齐全，同时教师队伍稳定，因此成为家长心目中择校的首选。

公立学校的超强竞争力使得当地的民营学校几乎没有生存空间。2000年前后，一家叫作东方科信的民营企业就曾经试图在驻马店办学，但后来因为连年缺少生源而停办。目前，驻马店市内的民办学校数量非常少。

2018年10月，驻马店经济开发区、河南广思实业有限公司和上海师范大学签署了一项联合办学的合作协议，打算共建一所名为"上海师范大学附属驻马店实验学校"的十二年一贯制学校。尽管这所学校属于民办，但它的办学方既有来自政府的力量，也有来自学界的力量。这所学校每年会申请政府的教学经费补贴，还享受来自国家的教师资源配备。

"像剑桥国际这样纯靠民间力量办的学校，目前在驻马店独一无二。"沈校长说。

沈校长是驻马店汉铭爵小学的教育顾问。和谭敏娟一样，她也是非常熟悉当地教育行业的资深从业者。她今年五十多岁，已经在教育行业坚守近四十年，被称作当地教育界的"大姐大"。目前还在驻马店一所公立小学担任校长职务。因为公立学校校长不可再接受外聘，她就在剑桥集团挂了一个"教育顾问"的职务，负责驻马店汉铭爵小学的招生和策划办学业务。

沈校长这样解释她加入剑桥集团的原因："我感觉办教育的人都是很不容易的，投资大，回报太慢。没有其他东西挣钱快，肖凯选择这个事业，我们很钦佩。"

"我看他想办大教育。我也不费啥劲，就帮。"沈校长见过肖凯一次之后就决定加入了，加上年会，到现在也就见过肖凯四五次。这个比肖凯年长十多岁的教育界前辈这样评价肖凯——"谦和、务实"。

2019年初，香港剑桥教育集团在深圳总部举办年会。此时，尽管驻马店小学已经于2018年9月开学，但沈校长还是第一次参加集团的年会。在年会开始前的几个小时，集团旗下的园长和校长们需要当面向肖凯汇报各自的办学情况和成果。

沈校长站在肖凯的办公室门外，手里拿着一本笔记本和一支笔。她对即将到来的汇报感到有些焦虑，因为"驻马店小学目前的学生数量还没有老师多"。

定位高端的驻马店汉铭爵小学，每年学费高达两万元——要知道，作为一个在全省十八地市经济排名第十一的地级市，驻马店当地大学毕业生的每月平均薪资只有3 000元。

这笔学费吓退了很多驻马店当地的孩子家长——大部分人还是优先选择学费全免的公办学校。同时任职公办学校的沈校长，对民办学校和公办学校的地位差异体会尤其深刻。每逢开学季，总有大量家长通过关系找到她，希望将自己的孩子塞到她所在的公办学校。"当时我是每天躲学生。我的手机一到六月份招生季，都要换号的。"沈校长说。

现在，她得为汉铭爵"找学生"。

一般来说，新学校吸引生源的主要手段是给潜在的学生家长提供免费试听课，或者是组织活动，面向学校附近的社区表演节目。但沈校长会举行一些更具影响力的活动，譬如在市里开一场运动会，或办一场面向千人的文艺会演。这些市区范围的活动远比社区活动的影响力要广，不仅针对在读学生家长，还能让更多学生家长和相关主管部门看见。凭借过去二十多年来在当地的口碑和人脉，她也会带一些学生家长到汉铭爵参观学校、试听课程。

但要在一个公立教育基础深厚的城市推广收费不菲的高端学校并不

容易，沈校长也去过社区分发宣传海报，"效果不太好"。从家长了解学校到学生真正报名入学，这一步转化还需要时间，2018年9月的新生入学，有20多名学生转校来到驻马店汉铭爵小学。

像驻马店汉铭爵小学一样，面临招生难的学校并不是个例。在被公办教育"垄断"的城市里，一所凭空冒出来的民办学校，一定面临招生的困难。它们尚未创出名气，师资力量、办学经费都拼不过公办学校，尽管肖凯已经避开了竞争更为激烈的一线城市，校长们还是需要用各种渠道与手段来吸引学生和家长。

这也是肖凯和股东们在当地起用这些"老校长"的原因。在香港剑桥教育集团覆盖的几座城市当中，不管是幼儿园园长还是小学校长都拥有相似的背景：在教育行业做了几十年，曾担任当地公立学校校长，积累了一定资源和人脉，他们能为一所新学校打开招生渠道，带来新生源。

然而，沈校长抱怨的"招生难"，在肖凯看来并不是个大问题。他这么分析，尽管生源情况不够乐观，但按照经验，建校第一年，学生数量一般都只占到招生规模的10%~15%，第二年能到三四成，在第三年到六成、八成，四五年之后有可能才招满。"学校招生有自己的节奏，校长们的不安只是他们在转换身份时经历的种种不适应。"肖凯分析。到2019年底，驻马店汉铭爵小学就有近300个学生了。

真正的的困难是做口碑。在肖凯看来，通过营销或其他手段，总能找到学生。但能不能留住学生才是对一个学校真正的挑战。"能不能不流失，或者说把流失率控制在一定范围之内，这是实打实考验教师的素质和集团提供的其他资源。"肖凯在工作中也经常提及这一点，做学校，不能追求快速的规模扩张。

"这些阶段性的问题，是校长们面临的短期困难，而不是香港剑桥教育集团的困难，更不是教育行业的困境。"肖凯没有把一所学校看作单独的个体，而是从整个集团和产业思考问题。这是他看问题的常用角度：跳出问题本身，站在更高的角度分析。

正当肖凯继续踩着创业的节拍飞速向前时，他的人生遭遇了巨大转折。2017年，肖凯创业第二年，母亲因为一场重病去世。

/ 家　事

2014年7月，肖凯和往常一样跟父亲通了个电话。一向敏锐的肖凯察觉到了父亲情绪的异样，逼问之下道出了实情：母亲患了癌症，更糟糕的是，病情到了肝硬化晚期。为了不打扰肖凯和弟弟的工作，母亲瞒了兄弟俩整整一个月——就在父亲打电话时，她还硬撑着给楼下的小菜园浇水。

肖凯立刻安排父母到北京的一家医院，自己也从香港飞了过去。见到肖凯的时候，母亲还在逞强："你看，我还能走，没事儿。"但她当时脸色晦暗，医生诊断她有严重的肝腹水。

肖凯这时候才从医生口中得知，老太太很可能只有9个月的生命了。听到这个消息，他陷入了惊恐。

"所有事情都撞到了一起。"

此时肖凯正处在事业上升期，忙于盛源证券的各项配售业务。怀孕的妻子这时候又进入了孕晚期，预产期在即。而他害怕母亲离世的恐惧感就像关不掉的病毒弹窗，时不时在他脑中弹起。一连好几天，不管是在公司还是家里，肖凯的眼泪总会不自主地流下来。他和母亲有着非常独特而强烈的情感联结，一家人总说，肖凯的性格跟妈妈一模一样。

但这种惊恐状态很快就挺过来了，肖凯告诉自己，必须马上坚强起来。父亲和母亲恩爱了一辈子，母亲重病对父亲是个沉重打击。当时脆弱的父亲需要安慰，快生产的妻子也需要陪伴。"弟弟性子柔和，全家都撑不住。我可不能垮了。"他对自己说。

肖凯没有时间沉溺在痛苦中，一天就跑遍了北京四家最有名的医院：协和医院、301医院、解放军肿瘤医院、302医院，就为了找到不同的医生拿到不同的治疗方案。他还专门问过香港的医生母亲是否能转到香港治疗，但此时母亲肝腹水严重，不适合再折腾出远门。

这个时候，母亲只看着家里人为自己忙出忙进，却也讳疾忌医，不敢询问自己的病情。父亲了解她的秉性，没有告诉她具体的进展。肖凯作为顶梁柱，要做出决策，给母亲确定治疗方案。当时医生提供了两个方向：一，保守治疗，用射频烧熔的方法封住肿瘤，暂时延长生命；二，肝移植，风险更大，但是治愈的希望也更大。

肖凯和父亲权衡了一下，担心肝移植的风险太大，"这样我很可能在妈妈进手术室后就看不到她了"，便和医生敲定了保守疗法。

出人意料的是，就在母亲的手术期确定后，妻子预产期提前了。妻子的生产期和母亲的手术期撞在了同一天！肖凯起初还纠结是否应该告诉妻子这个消息，担心妻子的情绪有太大波动。但妻子表现出了非常强大的心理素质，临盆前一天还帮肖凯在网上查了许多关于肝硬化治疗方案的资料，和他一起分析。

肖凯清楚记得，2014年农历八月十四那天，母亲被推进了手术室。这天清晨，他在北京302医院的手术室外忐忑了很久。他一会儿踱步，一会儿坐在走廊的塑料椅上。从前一天晚上开始，肖凯就没有合眼休息过。但此时母亲生死未卜，他全然感觉不到疲惫，脑子被焦虑和不安塞满。

当护士走出手术室告诉肖凯，老太太的手术很成功，还需要等麻药作用消退才能醒来时，肖凯才松了一口气。母亲睁眼见到儿子，立刻失声痛哭，只重复着一句话："我终于见到你了。"

"我听到别人一直在叫我的名字，我迷迷糊糊的，就是睁不开眼睛。"肖凯还记得母亲说的这句话，他不敢细想在手术室母亲都经历了些什么。"有一个瞬间，你谁都见不着，心里只有恐惧。"

跟医生确认母亲目前已经没有大碍后，肖凯立马又赶到北京的另外一家医院照顾妻子。好在一切顺利。下午四点多，产房响起一声婴儿的啼哭。整整一天，肖凯的心都被悬吊着，连续失重了两次。但此刻，肖凯走进陪护室，看到虚弱但又兴奋不已的妻子和一旁的宝宝时，压在他心里的石头终于落了地。

他刚刚经历了一场从死神手里抢夺生命的手术，此刻又见证了新生命的诞生，"这仿佛是一种延续"。肖凯俯在妻子耳边说："我以后一定会全身心爱孩子。这个宝宝对我有特别的含义。"妻子的眼泪"唰"地就流下来了。

如同被命运庇佑一般，孩子提前在农历八月十四出世，第二天就是八月十五，"这个宝宝好像就是为了生下来跟我们团聚"。

直到三年后，肖凯跟父亲聊起母亲时，才知道手术日期背后是母亲的良苦用心——母亲自己选定了手术日期，她当时迫切地希望做手术，就是为了赶在预产期前，自己出手术室的时候能见证孙子的出生。"她担心可能再拖，就看不到孙子了。"但没想到预产期提前了。

母亲手术后，肖凯把老母亲接到了家里，"这样老太太会比较开心"，也方便分身乏术的肖凯同时照顾分娩后的妻子。

治疗期间，母亲还要通过打消炎针缓解术后症状，"消炎针很折磨人"，她的体重一度从120斤掉到不足70斤。在家人的悉心照料下，才缓慢回到了90多斤。"（刚做完手术）那两年生命质量还很高，母亲还能出门旅游。"肖凯说。

但到2016年中，母亲的肿瘤再次扩散，病情也加重许多。这次又采用了一样的保守治疗方法，用射频烧熔肿瘤。只是这次，手术不仅没有把肿瘤封住，还刺激了肿瘤生长。

肖凯一咬牙："做肝移植吧。"母亲迎来第三次大手术。

肝移植的手术整整进行了12个小时。通常经历过这般大手术的病人，往往需要在ICU病房住上一周甚至更长的时间。但老太太住了一天ICU，就嚷嚷着要转去普通病房。

"ICU的条件不是比普通病房更好吗？你就多待几天。"肖凯劝她。

"傻孩子，ICU一天几万块，我给你省点钱。"

这个时候了，老太太还在担心花钱！他太了解妈妈了，当初母亲还在硬撑时就宽慰她："你所有的钱我来付，你不用担心，安安心心养病就行了。"

从2012年开始，肖凯就开始为父母提供所有的物质来源。父母赚的钱不算多，母亲还因为当年国企改革下岗分流而没有医保和社保，肖凯想改善他们的生活。而母亲虽然为自己的孝顺儿子感到骄傲，但又不愿意多花他的钱。她知道，儿子为了给自己治病，已经花掉了几百万——而这时，正是肖凯创业的关键时期。

做肝移植手术前，母亲对医生说："我想活着，想好好活着。我能忍受手术所有的痛苦。"遗憾的是，母亲的勇敢和坚强没能换来病情好转。肝移植手术后的半年里，肖凯和弟弟只要一有时间就往北京跑。好几个晚上，肖凯都能听见母亲因为病痛折磨发出低吟。缠绵病榻半年后，母亲离世。

这件事对肖凯来说，一直是个坎儿。他非常自责："我整整晚了一年半。如果2014年直接选择肝移植，可能就不会发生这样的事了。"

母亲从患病到去世的那几年里，恰恰是肖凯人生中最充满挑战的时段。孩子出生后需要照顾培养，企业也在初创期，需要投入大量精力。但在弟弟看来，这样的挑战反而促使肖凯扛起了一家之主的责任，对家里人多了关心，对身边人的同理心也强了。直到现在，肖凯还会经常开导父亲。

这件事并未击垮肖凯，反而让他变得更加强大。速速收拾心情后，肖凯没有停止他的脚步，而是继续勇往直前。在母亲去世，肖凯扛起更多家庭重担的那一年，他的行程安排上，还有并购幼儿园、筹备香港北区工商联、参加上海浦东联会等一系列待办事项需要他继续完成。

/ 用别人的学费上课

如果回到2016年，那时的肖凯告诉你，他打算将自己的学校开到中国香港、澳门，甚至东南亚、英国伦敦，你可能会想，这个人野心有点大吧？

创业三年后，2019年3月，肖凯的剑桥教育集团在香港开设了第一家在中国内地以外的幼儿园，同样定位高端国际幼儿园，园内的环境装修、硬件设施都达到了最高标准。幼儿园能容纳300多个学生，在红磡新围这个租金颇高的地界，已经算是规模不小的幼儿园了。

这所香港幼儿园的开园堪称肖凯创业以来的里程碑事件：从这里开始，剑桥教育才真正被视为一个国际化集团。

香港地界不大，但有900多家幼儿园，且全部都是私营。这当中80%是非牟利团体（比如教会或社会服务机构）兴办的非牟利幼儿园，剩下的都是以商业化集团形式运作的私立幼儿园或国际幼儿园，学费一般为每月数千港元，也有不少学费过万。

肖凯在创办教育集团之初，虽然将总部设在了香港，但一直没有在总部建立一间学校——要在香港开展一个合适的项目实在太难了。肖凯见了许多人，聊了许多合作，可是他发现，不是别人推荐的幼儿园规模太小，"有的只有三四个班级"，就是幼儿园难以通过香港当地的审批流程——香港相比内地有更加烦琐的文件审批处理流程，"十一个章一个都不能少"，而根据肖凯的经验，内地的办学许可能先筹设再通过流程审批。

种种障碍让肖凯暂时搁置了在香港新开幼儿园的想法，更加集中精力抓住内地的机会。但这个想法并未搁浅，只是以待办事项的形式列在肖凯的清单里，等待成熟的时机释放出来。

因为一次偶然的机会，这个待办的目标再次被点亮。通过朋友介绍，肖凯认识了红磡这家幼儿园的上一任拥有者——一位天津企业家。这位企业家过去一直从事房地产行业和餐饮业。几年前，他有了进军教育行业的想法，并且愿景宏大。他投入了不少资金，在寸土寸金的香港找到了这块地，决心建起一所走中高端路线的幼儿园。这所幼儿园在建成时还是全港唯一一间以芬兰教学理念来做课程的学校，并配备了雄厚的师资力量。

但问题也随之出现——来自中国内地的企业家不懂香港当地行事风格，在这位企业家拿到办学许可时，学校已经空置了一年多，他还错过了每年固定的开学日期。就这样，因为错误地估计了幼儿园审批流程的周期，这位企业家白白付出了一大笔租金。

"尽管他因为经验不足支付了一笔昂贵的学费，但如果他招收的学生数量能撑起学校，学校也许有继续开办下去的机会"，肖凯替他惋惜。更可惜的是，学前教育虽然和小学及初中教育同属教育领域，但是中间有不少分野，管理方式天差地别。而这位企业家聘请了一批曾是小学和初中的校长来管理幼儿园，自然显得不够专业。而且这批"前校长"经常不在幼儿园，不够勤勉，没能经营好这所学校。

肖凯也有顾虑，担心自己重蹈"前辈"的覆辙。"我必须分析他为什么会失败，我怎么做才能不重蹈覆辙。"肖凯回忆当时自己的心态，"更重要的是，怎么做才能做得比他好。"

原来的企业家因为没有教育背景，因此非常依赖本地的人脉和管理团队——这回到了肖凯经常思考的企业成败逻辑："如果这个校长成了，他就成了。校长不成，就垮了。"剑桥教育集团避免了这一点：有课程、有品牌、有师资。肖凯认为，如果把这些外部资源嫁接进去，香港的学校就能运营成功。

最后，半路出家进入教育领域的企业家不得已将学校转让给了肖凯。2018年12月，肖凯正式接手这所幼儿园，并立刻给学校换了新的校监、校长和校董会董事。他们都是香港学前教育的领军人物，也是香港幼儿园专业协会的成员，"前辈"的前车之鉴，让肖凯不敢大意。

三个月后，幼儿园及时开园。当天，园内举办了一个家长开放日。

这时,幼儿园还维持着旧名"天越创思"。原来,肖凯为了让幼儿园赶上春季开学日,还没有等到更名程序走完就开放了学校。他事先了解过,在香港,更名程序至少需要六个月的时间,但办学许可不用重新申请。他决定暂时沿用原来的名字,因为时间浪费不起——太多的小朋友需要入学了。

接手香港幼儿园的当天,肖凯给集团里的股东、同事们发了一条消息:"集团落子香港,棋局之势已成,深感欣慰。想起毛主席老人家一首词,与大家共勉!"

清平乐·会昌

东方欲晓,

莫道君行早。

踏遍青山人未老,

风景这边独好。

会昌城外高峰,

颠连直接东溟。

战士指看南粤,

更加郁郁葱葱。

肖凯一直对时间和周期非常敏感。他从不浪费时间,却也知晓如何等待。他按照轻重缓急在脑海里清楚地排列好进程,教育版图上的城市不断插上了新旗。他需要扩张,但决非不加思索地大规模扩张。当肖凯逐渐对中国香港、澳门,甚至是东南亚、伦敦都表现出办学兴趣时,他比2015年底远赴英国取经的那个自己更有野心,当然也更有执行力。

/ "农村包围城市"

2018年9月以前,香港剑桥教育集团的几所学校都散布在国内的三四线城市。

建立集团伊始,在深圳办公室,肖凯就面对"十八罗汉"宣布了教育集团的两个目标:第一,要在北上广深"立牌子",做出口碑。第二,要在省会城市、大湾区和长三角地区上规模,"大湾区和长三角的城市,哪怕是四线城市,我们也要去"。

这个战略一直在稳步推进。但直到第三年,集团还未真正在北上广深落下一子。尚未进入一线城市的理由很简单——北京、上海、广州和深圳的教育市场竞争异常惨烈。

截至2019年1月,中国有11 400余所学前教育机构。其中,北上广等一线城市人口占全国人口的5%,但学前教育机构却达到了全国的15.1%,这意味着一线城市的人均学前教育机构数量是全国平均水平的三倍。

肖凯担心,香港剑桥教育集团新成立时,内容、体系都还没有形成竞争优势,如果贸然介入这场激烈的竞争,人力和财力都可能跟不上。但在经济发展迅速、已经有了一定消费能力的三四线城市里,学前教育机构缺口巨大。家长们对高端优质的教育有需求,但城市目前拥有的传统公立学校或民办学校满足不了他们。肖凯相信,去三四线城市,"我们的比较优势容易凸现"。

因此,肖凯并不急于攻下一线城市,而是选择先进入了几座三四线城市。他先将学校覆盖到南昌、驻马店、南宁等地,等这些城市的项目做出影响力以后,集团再"杀入"一线城市。在不止一次的员工会议上，肖凯将这个办学路径概括为"农村包围城市"——他又一次借用历史事件来概括自己的决策和思考。

当香港剑桥教育集团在三四线城市的学校规模渐起，在一线城市办学的计划才迎来希望。事实上，肖凯一直在为此刻积蓄力量。只要他打定主意进入某座城市，便会发函到当地，希望和教育局的负责人对接，对方看到肖凯手里的几个成功项目，也会考虑合作的可能性。

作为浦东新区港澳政协委员，肖凯经常拜访上海，只要物色到合适机会就会为学校选址。2019年5月，肖凯带领北区工商联访问上海浦东新区。在浦东最具特色的"三件套"之一——上海中心，肖凯和浦东新区统战部的领导走在三十七层的空中花园里，向他们介绍了自己的集团和在上海办学的想法："浦东是否有合适的学校项目呢？"

2017年12月，肖凯接触到深圳的一家开发商。一个多月后，双方签下合作办学协议，这所名为"深圳龙华区剑桥汉铭爵"的学校也正式开始建设。几乎是马不停蹄，半年多以后，学校的软硬件齐备，办学许可也已到位。几乎是同时，集团开始招聘老师，对外进行招生宣传。9月1日，深圳龙华区剑桥汉铭爵学校正式开学。

肖凯至今清楚地记得每一个时间节点。更让他骄傲的是，他仅用半年多时间就做完了别人两到三年才可能完成的事。

他将这种速度归结于运气、能力和执行效率。之前几个项目的运营经验，使得肖凯对政府相关部门的工作程序了如指掌。他清楚，企业为办学递交的窗口材料，会分别经过教育局、区政府——每一个环节的负责单位都有固定的会议时间。如果材料因递交不符合流程被再次打回时，就意味着可能要浪费几周的时间。因此，肖凯专门根据政府相关部门的审批事项规划做好了精准的工作计划。

这种科学决策、有序执行的方式帮助深圳学校快速建成，肖凯自己也非常欣慰："我认为是深圳历史上可以感受到的最快速度了。"一线城市里，地皮并不是轻易能够获得的资源。但肖凯从决定拿地开始，到校园最终建成拿到许可，仅仅花了半年时间。在建起江西南昌、河南驻马店、南宁等地的学校后，香港剑桥教育集团终于在深圳北部插下了一面小旗子。

深圳龙华区剑桥汉铭爵学校在奠基仪式后，就接连迎来当地省市区政府、哈尔滨工业大学代表团等不同单位的访问。它是剑桥教育集团在一线城市目前取得的成果，是一个能直接展示给各省市政府的教育样本。这所学校建成以后，肖凯在创业前期遭遇的"信任危机"再也没有出现过。

深圳龙华区剑桥汉铭爵学校一楼的校史馆就是个现成的展示厅，白墙上贴了一张数米长的海报，细数了剑桥教育集团从成立至今的变化。但现在看，这张宣传海报已经有些"过时"了——它还没来得及把教育集团最新进展表现出来。尚处在初生阶段的剑桥教育集团，和那些迎风见长的新生儿一样在二三线城市落地扎根，每次和肖凯见面，学校总会有些新进展。

肖凯捏着深圳汉铭爵这张入场券，开启了一线城市的教育市场："当时的小梦想实现了，（农村包围城市）策略也实现了。"

尽管深圳的第一所学校在开学一年多以后而转手，但香港剑桥教育集团在一线城市继续落地的步伐没有停歇。剑桥教育集团的股东之一卢锦钦博士，同时也是全港各区工商联的现任会长，希望以工商联和剑桥教育集团的名义，在深圳再新办一所学校，这个想法和肖凯不谋而合。于是两人很快向深圳市委市政府发了一封函，不久以后，深圳市政府便派出市教育局工作人员和他们对接。又过了一阵，他们便带着几个不同的办学方案重新拜访了深圳市教育局。就这样在和当地政府不断打交道的过程中，肖凯对这个学校未来的模样也渐渐有了想法。

肖凯的助理庄仪，日常工作之一是定期更新香港剑桥教育集团的大事年表，仅仅过去的一年，她列出的大事记已经比贴在墙上的这张海报多了十来项。而这些进展还在不断更新，它们不断在肖凯与人会面的过程中产生，带着教育集团一路向前。

喜人的进展得益于肖凯对资源的最大化利用。从组建团队开始，他就一直相信应该让专业的人做专业的事。肖凯虽然没有教育的专业背景，但他有一套"领导的艺术"，他持续频繁地与各个城市学校的园长和校长沟通，一面灌输大的思考方向，一面奖罚分明，鞭策和激励他们。一旦知道对方领会自己的思路，便会放手让他们去做。这样一来，肖凯得以把精力花在其他地方。不管是新项目的拓展收购、跟政府相关部门关系的处理，还是和地产商的沟通，肖凯都是亲力亲为。

此时，肖凯创业进入第四年，连同香港的学校在内，他已经开设接近20所学校。相比起一些教育集团通过大规模资本化运作，数十上百家收购，这个数字并不算多。但香港剑桥教育集团从当初的18人团队，到如今集团教职员工超过300人，它没有通过外部投资者，仅仅通过个人资本有序地向前推进，扩展的规模已经超出了肖凯的规划。

有了深圳办学的经验以后，肖凯对进驻其他一线城市的决定更加慎重。他深入了解不同城市的办学需求，例如在上海，他逐渐思考开办特殊学校的可能性；在北京，早已在燕郊做好了储备项目。除了已经开设的学校和一线城市准备好的项目，集团还在海南、昆明、长沙、哈尔滨、佛山、岳阳及聊城等城市储备多个教育项目,为未来五至十年的教育版图布局。

肖凯此时的心情和他的学校每进入一个城市的宣告一样——"前进的号角已经吹响,我们深感责任重大,唯有只争朝夕地努力奋斗。"

金融的基因

/ 及 时 止 损

2017年末，肖凯在悉尼出差途中，写下了集团的新年贺词。在这份题为《不忘初心，引领突破》的寄语中，他说深圳的学校是集团重点打造的旗舰项目，需要在2018年里"完成深圳幼儿园、小学和初中的教育综合体建设与运营"。

当时，深圳这所学校在众人眼里潜力无限。

同样作为一线城市，北京、上海在2017年后纷纷关闸限流，控制城市人口；而深圳继续拥抱外来人口，通过降低入户门槛、给入户人才提供优惠政策等手段刺激本地人口增长。2011年，深圳开始实施引进海外高层次人才和团队的"孔雀计划"，希望吸引1万名以上各类海外人才来深圳工作，每人享受80万至150万元的奖励补贴——不仅如此，吸收的人才还将享受居留和出入境、落户、子女入学、配偶就业、医疗保险等方面的优厚待遇。仅2017年一年，深圳就引进了留学人才18 307人。

我国生育政策的修改也刺激了深圳人口数量的变化。2015年单独"二孩"政策开始实施,深圳新增"二孩"超过8.3万人;到了2017年"全面二孩"政策实施后,年生育"二孩"的数量增加到了12万人。2017年深圳新生儿出生人数达到创纪录的24万人,此后一直居高不下。

新生人口未来必然给城市带来活力,但眼下,他们给本就稀缺学校的深圳又增添了一份压力。2018年,深圳幼儿园在园幼儿数达到53万人,超过北京、上海,排名全国第一。但整座城市没有足够多的小学迎接这些从幼儿园毕业的儿童。1979年到2018年,如果按照统计局的数据,深圳人口从31万到1 302万,增长了42倍。但小学数量从226所到344所,仅仅增长1.5倍。

深圳市政协委员邓少勇称,按照"城市居住区规划设计规范"的要求,深圳在2015年就应该有至少719所小学,小学学位缺口的巨大。学校数量不足导致学位"一位难求",但这也使得深圳成为肖凯进入一线城市的第一站。他分析,人才从海外或者大城市来深圳,对教育和生活质量有要求、有选择。"如果我们都是传统的匹配,它就错配。总得有人提供一些教育服务给'特定需求'的人,我们就能满足这种特定需求。"肖凯说。深圳的学校和集团的大方向一致,定位也是"公办教育的有益补充"。

剑桥汉铭爵学校所在的龙华区是深圳外来人口最多的行政区之一,教育资源相比全市平均水平而言更加稀缺。这个2017年新成立的行政区,拥有着全深圳第二、高达20.2%的人口流入增速,但学校数量和师资力量远远没有跟上。2017年,龙华区学校总数为259所,比2016年增长了9所,但仍面临着教育资源不足的困境。2019年,龙华区教育局发布学位预警称，小学一年级学位总缺口高达10 286个；初一年级学位总缺口2 012个。根据肖凯分析，即便龙华区现有学校全部招满，还有一万个孩子的教育需求未被满足。

最终学校确定地址，尽管有些偏，但集团看中了它周边潜在的消费力——方圆五公里没有学校，校址周围集中的是华为和富士康的研发基地，还有一些中小型科技公司和电子加工厂。

为了拿下这个被寄予厚望的旗舰项目，深圳的学校项目以最快速度建设，半年多就建成并拿到办学许可。在建成以后，它还一直作为剑桥教育集团的中国内地总部而存在。

袁浩是深圳剑桥汉铭爵学校的校长。他从教三十五年，接受肖凯这个校长邀约时刚满六十岁。恢复高考以后，他成为78级的大学生。从教生涯的前十几年，袁浩都在大学当老师，随后又在中学做老师，接着当了十多年的副校长。校长一职以外，袁浩还是深圳市政协委员、宝安区政协副主席。他通过朋友介绍认识肖凯，最终选择从原来任职的学校提前退休，全职担任汉铭爵校长。他听过肖凯未来的蓝图，看重的正是肖凯的远见和能力。

"在办学理念方面，按集团的想法是全人教育，主要还是在艺术教育、体育教育、科技教育，还有素质教育这些方面齐头并进。"袁浩回忆起来，还记得肖凯用的一个比喻："艺术和体育是孩子未来成长的隐形翅膀。"学校为此配备了相应的师资——舞蹈老师是从北京舞蹈学院毕业的，曾经担任深圳芭蕾舞团的首席；STEAM课程邀请了过去在微软和谷歌工作的团队定制设计。此外，汉铭爵还开设了书法、国画、太极和武术课。

2018年11月的一个工作日，深圳汉铭爵小学开学两个月，学校的小学部和初中部只有一共三个班的学生在上课,几间教室偶尔传来老师和学生的说话声。占地一万多平方米,配备篮球场、网球场、室内羽毛球场、塑胶跑道等多种大型设施的学校,在不到五十名学生的映衬下显得尤其安静。

根据香港剑桥教育集团原先的规划,深圳汉铭爵是九年一贯制学校,小学十二个班,初中六个班,预计招收一千余名学生。在袁浩这样的"老教师"看来,从零开始的学校想要做到这个规模没有那么简单。"我们的学生少,就一个年级,一个小一,一个初一。"他把这种小班化称为"被动小班化"。新学校的前期招生进展都不快,但肖凯的想法是,哪怕只有一个人也要开学——袁浩这才理解,因为抱着这样的信念,新学校的师资配备和工资待遇都超过公办学校的代课老师。

从事教育行业三十多年的校长和肖凯一样,抱有信心:"万事开头难,教育的前面就是比较艰难,但是大家都在朝着目标前进。"他把深圳的项目比喻成播种,发芽和成长未来可期。

招生的困难是肖凯预料到的。他和校长也知道,开办、经营一所学校,不是短时间就能看到成效的——但这个认识并不是所有人都有,他很快迎来了挑战。

深圳剑桥汉铭爵学校计划开办18个班级,不管是招生规模还是校园面积,都要大过集团旗下其他学校。这间学校的股东数量也比其他学校要多,而且其中不少人过去只是小企业主,并没有经过上市公司以及投行的严谨训练,因此在商业上的决策会出现一些相当草根的想法。

股东一多,大家对于学校管理和运营的意见自然就多了。尽管肖凯在建校时已经建立了理事会管理机制,只授予几个董事会成员决策权,而股东的权利只限于经济上的投入或回报,但是当这所学校短期内看不到收益时,有几个股东开始心慌了,甚至开始干预学校董事会做出的决策。

"只看短期回报的人没有容忍度,遇到一点困难,就会出现负面情绪,心急、焦躁、压力大、做决策紊乱、人浮于事,会干预集体的任何决策。"肖凯评价这样的股东为"小农意识很强的人"——这里无意贬低农民本身这个群体,而是想指出,农民的意识往往在于靠天吃饭,大部分情况希望收成稳定,并且尽可能快速获得回报。

但是,教育是一项需要时间积累的产业。真正算起来,2019年深圳汉铭爵学校才刚刚进入第二个年头。根据肖凯的计划,集团旗下的学校会在三年左右的时间实现赢利——事实也的确如此,集团的其他几所学校,大部分从2018年才开始真正运营,而它们的现金流已经在三年内陆续由负转正,而且都处在良性发展的阶段;还有几所幼儿园实现了盈余,财务状况都在肖凯的计划之中。

但深圳学校的股东们没有能力承担这么长的周期,决定转让学校。肖凯立即就同意了。他明白,此时的董事会管理机制已经形同虚设,所有人都想插一脚。无法明确方向的决策最终也只会贻害一个企业。"我不能因为他们来影响我们,集团宁可转让学校,都不要再去蹚浑水了,所以我们快速做出了同意的决定。"

2019年中,剑桥教育集团将深圳汉铭爵小学部和初中部移交给了一家名为诺德安达的教育集团。肖凯对转让学校的决定没有什么遗憾,他学到一个教训,将来要更谨慎地挑选学校股东,"这种合作伙伴是绝对不能再碰了"。

项目启动两年后,肖凯再回过头复盘时,意识到要再次和全公司分享经验和教训。11月底,他在香港剑桥教育集团总部的微信群里，分享了自己的读书心得，希望能以此告诫集团的股东们："一个组织的责任主体太多，那就失去了责任主体。大家七嘴八舌都说话，听谁的不容易确定；即便听谁的确定了，权责怎么算？做好了算谁的功劳？最关键的是，把事情办砸了算谁的责任？主体必须明晰，义务和权利必须清晰并且匹配。最怕的是，事情办砸了锅都丢在别人身上。"

"只让资本赚钱，不让资本说话。"肖凯再次回想起他在天弘资产第一次听到马云分享过的这句话，现在他终于有了更深的体会。资本能撬动商业力量，但是它贪婪、求快。如果没有办法驾驭资本，便会被它裹挟。只有耳清目明，权责清晰，才能驾驭资本让它发挥最大价值。

一开始，投资人出身的肖凯并不被合作方看好，现在看起来，他的投行背景反而帮助他们更全面地看待问题，更理性地配置资本。对于转让学校这件事，肖凯并不感到惋惜，还向朋友说起了李泽楷卖掉腾讯股份的故事。2000年，李泽楷和IDG资本共花费220万美元买下了腾讯40%的股权。一年后，李泽楷将20%腾讯股份以1 260万美元的价格卖给了南非MIH集团。

2019年初，网上流出一段李泽楷参加访谈节目回忆出售腾讯股份往事的视频。节目里，李泽楷说："不止一次地后悔过，而且那也是一次极大的教训。"于是有自媒体翻出这件事，还替李泽楷算了一笔账："按腾讯现在3.2万亿港元的市值算，李泽楷损失了6 400亿港元；如果他当年不卖，今天李泽楷的资产已经超过父亲李嘉诚并且将成为全球首富。"

但肖凯认为李泽楷当时的决策是正确的。卖掉腾讯股份的2001年，正是互联网泡沫时期，而腾讯尚未找到盈利模式，退出不失为一种好选择。另外，当时李泽楷的电讯盈科公司举债过多，财务亏损严重，需要卖出腾讯股份等非核心业务进行套现——更何况，当时20%的股份投资一年后卖出时已经翻了好几倍。

同理，有人为肖凯"损失"了一所好不容易建起的学校感到可惜，更何况它还是剑桥集团第一所开在一线城市的学校，对集团有相当重要的意义。但肖凯不这么看，从资本的角度来说，转让这所学校是一个自然的选择。它及时止损，且帮助教育集团快速回笼了一大笔现金流。这笔现金可以投入到其他项目当中。转让学校后，肖凯对今后集团发展有了一条更清晰的路径：转让小学和初中后，集团旗下剩余的绝大部分就是幼儿园了。他认为，这让整个集团更加聚焦学前教育领域。"一线城市竞争激烈，可以将资源放到自己的强项上，相当于进行资源优化，何乐而不为呢？"

稻盛和夫在讲企业如何面对萧条时说："企业的发展如果用竹子的成长做比喻的话，克服萧条，就好比造出一个像竹子那样的'节'来。经济繁荣时，企业只是一味地成长，没有'节'，成了单调脆弱的竹子。但是由于克服了各种各样的萧条，就形成了许多的'节'，这种'节'才是使企业再次成长的支撑，并使企业的结构变得强固而坚韧。"

肖凯的理念和行动诠释了这样的企业家智慧——"节"可能来自企业内部，也可能来自外部环境，一次又一次的迎"节"而上，企业才能具有生命力。用上帝视角看历史决策，很容易对当事人做出错误的判断。但肖凯清楚，不管他是2001年的李泽楷还是2019年的他自己，出售非核心业务的决策都是当时最好的选择。

/ 提前布局

2016年以后，肖凯的工作重心都放在香港剑桥教育集团的创办和发展上，但是这不意味着他和过去切断联系。过去近十年他在投行所受的训练化作思维方式至今跟随着他，他也从教育中悟出了新的概念。

投资人在研究一个行业时，了解整个产业上下游的发展情况总是必备功课。肖凯也不例外，他刚进入教育领域时，就自然地想要沿着整个教育产业链布局。于是，在教育的基础上嫁接了不少适合集团发展的业务类型。在中国香港及内地注册集团品牌以后，剑桥就提出了"互联网+教育+金融"的概念。

肖凯首先想到的就是金融——这个他最熟悉的元素。以往的教育行业创业者大多没有金融背景，也不善于利用金融工具，原因很简单——金融工具大多偿还周期短，一旦企业负债率过高，又控制不好现金流，就容易出问题。

但肖凯从创业伊始就通过融资租赁或信用贷等金融工具来支持学校的日常运营。他用学校前期投资的一批教学设备、教具和玩具等固定资产作为再融资的抵押资产。新的融资到位后，再投入到学校的运营中去。这样一来，就相当于提高了资金的使用效率。

集团的规模扩大以后，中国银行、工商银行和香港汇丰银行等各家银行也找上门来，表示可以给肖凯提供信用贷。到目前为止，整个集团的财务状况和现金流状况都非常健康，没有发生过任何违约的状况。

除了融资和借贷，肖凯还与在香港上市的保险公司合作，为在剑桥旗下幼儿园入读的孩子提供可终身受益的儿童教育基金。他曾经和不少企业家聊过，这些高净值人群希望孩子将来能上国际学校或是海外大学，也希望能专门为孩子成立一个教育基金。但由于政策因素，内地的学生家长必须要到香港处理保单事宜，因此这项业务的进展不如预期。

好在这只是其中一小部分业务，肖凯还在探索其他金融工具在教育领域的应用。譬如，集团正在摸索成立教育类的并购基金，让其他非教育行业的企业投钱，由香港剑桥教育集团负责完成收购、运营、管理等过程。依靠这些金融工具，肖凯拉开了与其他创业者的差距。

教育和科技结合的趋势也在肖凯的视野中。近几年，在美国国家科学基金会教育和人力资源分会的前主席朱迪思·A.朗姆雷的发起下，美国掀起了一阵STEM教育的风潮。STEM是科学（Science）、技术（Technology）、工程（Engineering）和数学（Mathematics）几个单词的首字母缩写，这种教育方式的理念就是希望将技术和工程学并入常规课程，培养具有创新思维和批判性的孩子。

当这股风潮来到政府和民间创业团队都在推动科技教育的中国，很快获得了拥趸。剑桥教育集团也用上了一批能够实现自由编程的STEM教具和玩具——早在2017年，肖凯受韩国产业通商资源部韩国展览业振兴会邀请，参加第40届首尔国际幼儿教育及护理展览会，这批教具就是那时候采购回来的。

现在，这些科技元素已经成为香港剑桥教育集团"全人教育"理念的体现，并且还渗透到学校的各个方面。一些家长担心孩子入园后的安全，剑桥教育集团旗下的幼儿园就在学校门口安装了门禁系统，并且将门禁和家校互动系统结合，只要孩子刷卡进校园，家长就能收到信息。

"金融"和"科技"这两个关键词影响了肖凯之后的路线，"这样的结合不是后来才拍脑袋想起来的，这是第一天就想好要做的事"。

2017年的一天，肖凯在香港君悦酒店遇到了复星国际高级副总裁、复星基金会理事长李海峰。当时后者刚结束复星集团的年会。两人在酒店一楼的大堂吧里聊了一个多小时，当时的香港剑桥教育集团只在南昌和驻马店这两座城市开设了学校，当李海峰了解到肖凯过去的投行背景，还得知他眼前这个年轻人在用做上市企业的方式做教育以后，非常认同这种思路。他说："肖老板，你做得像模像样的。"

李海峰对自己的评价，让肖凯觉得自己的路子走对了。他也不局限于此，将一桩教育行业做成了一个连接金融和科技的产业。不过他也清楚，不管是金融还是科技，这些都只是落到集团运营层面的工具。整合上下游资源和坚持教育质量为本，才是让肖凯真正触及行业核心问题的关键一步。

/ 做学校还是做产业？

2019年，香港剑桥教育集团跨入第三个年头，它一共开设了14所学校。在广东深圳坪山，集团还储备了一个项目。它在肖凯的构想中，不是用来建设面向孩子的学校，而是要建成一个幼师培训学校。

幼儿园做得好好的，为什么要做一个老师们的学校呢？

在还没创业前，肖凯就明白师资力量的重要性。当他成立高端幼儿园以后，更希望为学校培养一批综合素质高的教师。

目前，国内很多民办幼儿园和早教机构通行着一种做法：由于中国幼师师资培养和管理的不足，不少民办机构难以招到合适的幼师，又无力付出更高的薪资待遇"挖角"公办学校的教师，便只能通过降低幼师或保育员资质的做法来降低运营成本。

一份行业数据显示，2016年全国幼儿园教职工总数为381.8万。其中占比最高的是专科学历，超过一半，占56.4%；本科和高中学历均占21%左右，高中以下学历占1.89%，硕士学历仅占0.27%。按照行业规定，一般来说，国内大部分幼儿园对师资的要求至少是专科毕业和拥有教师资格证，而这组数据表明，很多机构都没有达到这个基本标准——至少五分之一的老师在文凭上不合格。

另外，幼师行业普遍薪资水平不高，幼师也很难从这份职业中获得成就感，因此不少人才"被劝退了"。

相比之下，职业荣誉度高的小学老师就少有这种供不应求的问题。"报考小学老师的人才多，公办学校用不了那么多。"驻马店汉铭爵小学的沈校长说，找到优秀的小学教师对她来说不是难事。因为小学教师数量过剩，民办学校能够承接公办学校溢出的人才。"很多被公办学校刷下来的小学老师其实都很优秀，因为公办学校对教师资格证、学历和年龄等方面都卡得很死。"

而香港剑桥教育集团旗下的十几所幼儿园在招聘时，就用更具行业竞争力的薪资来吸引教师。譬如，它们提出要将老师们的待遇提高到不低于公办代课教师的时薪水平，这才能为学校带来有竞争力的师资力量。

但要办一所高端幼儿园，仅仅达到行业的基本水平显然是不够的。剑桥集团从第一年开始，就为旗下全国范围内的各地园所提供教师培训。

2019年7月，南昌的幼儿园举办为期三天的暑期教师集训，集团旗下十几所幼儿园近百名幼师参加了培训。这三天的培训不仅包括非洲鼓等音乐技能、卫生保健技能、班级管理经验的培训，总园长谭敏娟还通过唱歌、绘画、跳舞、讲故事等艺术方式带着老师们体验了一名幼儿园教师的角色和应该具备的技能。集团还邀请学前教育的知名学者和绘本推广人，通过集体教学观摩、主题讨论以及专题讲座，为老师们答疑解惑。

如今香港剑桥教育集团已经进入第四年，员工结构和2016年相比发生了深刻改变。原本的十八人团队大部分属于后台的职能团队，现在占绝大比例的300多名员工大部分都在一线担任教职。因此，教职员培训对集团发展尤其重要。

每年集团年会那一天，就是检验培训基地教学成果和教师们个人能力的时刻。这一天一线教师们的表现，既包含一场教师技能比拼，还有一场年会上面向集团股东和优秀教职工们的演出。

2019年初，剑桥教育集团在深圳举办集团三周年年会。在当天上午的教师技能大赛上，深圳汉铭爵学校的朗诵声、歌声和乐器声此起彼伏；由几名集团高管和校长、园长组成的评委们会根据老师的表现打分，决定他们是否能进入到决赛阶段，一旦到了决赛，老师们会随机抽到一首钢琴曲谱，需要当场弹奏出来。"这对老师们的业务水平和应对能力都是一种检验。"肖凯说。

真正令教师们紧张的还是几小时后到来的年会表演。上午的技能大赛结束后，几十名教师草草吃了午饭，便拖着行李箱随集团一辆大巴直奔年会现场。尽管距离年会开始还有几个小时，但老师们早已经开始相互化妆、换好演出服了。而一旁摊开的行李箱里什么都有，化妆品、表演相声的快板、歌舞表演的扇子和红帕子……从承办年会的酒店大堂一直到女士盥洗室的门口，三三两两地站着捏着台词本或拿着手机记歌词的老师。

大多数人都沉浸在即将上台表演的兴奋和被邀请到年会的喜悦中——要知道，能被邀请到现场的都是各地的优秀教师代表，这是他们向集团汇报成果的一场盛宴。

教师技能大赛和教师培训从集团起步一路开展到现在，教师的技能和水平的确提高了不少。但随着幼儿园规模越来越大，肖凯还是发现了招聘幼师的困难。

"我们的步子迈大了，问题是，老师从哪里来？"

又回到了之前的问题。国内的学前教育民办机构，之所以只能通过放低教师的标准来维持运营，正是因为幼师行业存在最根本的问题：优质教师资源不足。

2018年新华社的一则消息显示，"全面二孩"实施近两年，2019年开始，中国幼儿数将出现大幅增加，2021年学前教育阶段适龄幼儿将增加1 500万人左右，并在当年达到最大值。幼儿园预计缺口近11万所，幼儿教师和保育员预计缺口超过300万人。根据同一年发布的《中共中央国务院关于学前教育深化改革规范发展的若干意见》，2020年本专科学前教育专业毕业生规模需要达到20万人。

肖凯算了一笔账，算上全国所有的师范学校，一年也只有几万个幼师毕业。如此庞大的幼师缺口，依赖于现有机构培养幼师又需要漫长的时间。于是他又生出了个念头，与其"坐以待毙"，不如主动出击——没有老师，自己培养嘛。

办一所学校并不是那么容易的事，尤其它还是一所培养教师的学校。但在肖凯看来，办学面临的最大挑战是政策。他仔细思考过政策可能带来的影响，"教育政策的存在是为了防止行业内劣币驱逐良币的现象出现，它还是鼓励我们这些认真做优秀教育的人的"。

尽管国家针对教育的政策颇为严格，目的其实都是为了防止市场过度追求暴利。而肖凯办学的目的是为了填补幼师缺口，和国家的政策走在同一个方向。办一个幼师培训基地不仅能获得国家支持，也利于集团自身的可持续发展。

政策问题解决以后，剩下的事务在肖凯的"拆解"下，只需要各个击破，便不再困难。学校的审批流程、教师资源、场地、资金等一系列办学需要准备的条件，都在办幼儿园的经验基础上做些改良就可以了。

在集团三周年年会前一天，肖凯成功确定了坪山的项目。在他的设想中，这是一个大专院校，但它要比国内其他幼师培训机构更国际化一些。肖凯已经和包括香港教育大学、北京师范大学等内地和香港有名的教育机构谈好了合作形式。不仅如此，他还聘请了香港耀中社区学院的沈雪明教授作为学校顾问，这个被称为"香港第九间大学"的学院是专门培养香港幼儿教师的大学，耀中社区学院已成为香港乃至亚洲第一所以幼儿教育为重点的本科学院。

教育行业政策的不断变化让肖凯保留了一些灵活度，他继续在深圳和上海等其他城市考察，"基地、大专、学院都只是名字，最终的目的是希望为行业做一些人才储备的贡献"。

/ 传　　承

大学时期，肖凯读了洛克菲勒家族的传记《洛克菲勒回忆录》和其他欧美大家族回忆录，从那之后就一直非常推崇洛克菲勒和罗斯柴尔德家族这样能世代延续的家族。

虽然历经休曼反垄断法案对标准石油公司的分拆、人类世界上最大的两次战争和几次全球性的金融危机，但洛克菲勒家族的名声和财富跨越了整整一个多世纪，打破了"富不过三代"的魔咒。如今，洛克菲勒家族在美国无处不在，标准石油公司、现代艺术博物馆、大通银行、洛克菲勒基金会、洛克菲勒中心、芝加哥大学、洛克菲勒大学，以及在"9·11"中倒塌的世贸大楼……

从约翰·D.洛克菲勒创办标准石油公司，通过石油生意累积了巨额财富至今，洛克菲勒家族已经传至第六代，而家族企业的规模始终没有因为内部分家而衰落终止。活了101岁，直到2017年才在家中安详去世的戴维·洛克菲勒是家族里的第三代，他曾任摩根大通银行董事长，还在2015年的《福布斯》全球富豪排行榜中位列第603位，身家32亿美元。

洛克菲勒家族之所以能传承至今，原因之一是利用了信托这一工具传承通过石油积累起来的财富。这种机制使遗产始终是一个整体，家族企业既不会因为分家而变小或终止，也不会因为代代传递而被逐渐分割成若干个部分，而是可以发挥规模优势，获得更好的经济效益。

另一方面，尽管洛克菲勒号称家族企业，但老洛克菲勒打破了"子承父业"的弊病，没有让儿子接班，而是让基层员工出身的约翰·阿奇博尔德接任。能者胜任的模式也让集团能一直稳健管理。

这个家族的传承模式给大学时期的肖凯埋下了一颗种子——尽管他在金融行业做了8年投资人，但始终怀着一颗希望做出传承企业的野心。这份野心推动了他创业前行、果断变道的选择。他创业的状态在吴为赞眼里是："全身心投入，他把自己的整个情怀都投在事业上。"

肖凯全情投入的背后,是他对传承这个教育集团的渴望。这也是吴为赞当时愿意和这个"教育外行"年轻人一起共事的原因。在香港剑桥教育集团的股东里,吴为赞、卢锦钦某种程度上都是财务自由的前辈。肖凯邀请他们加入,也是看重他们不为商业这一点。肖凯回忆几年前他邀请吴为赞,前辈的一句话触动了他:"做教育不是为了商业而做,是为了做传承。"

在吴为赞的年纪,很容易理解这样的情怀。"在这个行业上,我希望他们也能够发光发亮,把企业做大做强。我年纪有一把了,我希望将来我的孩子也能够继承我这个事业。"吴为赞说。

如何传承?在教育企业之外,如何通过商业的方式实现传承?肖凯一直在思考和学习。按照公司如今发展的势头和愿景,他相信自己一定能够建成国内学前教育第一梯队的教育集团。但做完教育之后呢?

他希望效仿的对象是"华人世界最顶级"的企业家们:李嘉诚和郭鹤年。

放眼华人世界,尽管还没有家族有欧美那样漫长的财富史,但李嘉诚和郭鹤年的故事已经树立了良好的榜样。这两位备受肖凯推崇的企业家,共同特征都是纵深一个行业,再横向扩张到其他领域,最后渗透进大部分人的日常生活中。

二战后,郭鹤年从协助父亲打理米粮公司开始,到20世纪70年代,他成立的郭氏企业已经占有马来西亚糖业市场80%的份额。但很快,"亚洲糖王"郭鹤年又逐步创立香格里拉酒店,并进军香港,在当地投资地产和酒店。

在香港传媒业盛行的90年代,郭鹤年还以嘉里公司的名义从新闻集团购入《南华早报》34.9%的股权,在之后的3年又通过《南华早报》收购了无线电视的子公司TVE，从此在香港传媒行业有了一席之地。从白糖起步，郭鹤年先后涉及酒店、房地产、船务、矿产、保险、传媒等行业，创建了一个庞大的商业王国。

超人李嘉诚的故事更是耳熟能详。推销员出身的李嘉诚在创办长江塑胶厂以后，用塑胶花打开了香港乃至世界市场，成为"塑胶花大王"。几乎是和郭鹤年的扩张故事同轨，20世纪70年代后，李嘉诚也开始先后涉足地产酒店、零售制造、能源基建等业务，覆盖香港人生活的方方面面，更是有人称香港为"李家的城"。

如果站在几十年前看向现在，李嘉诚的塑胶花和郭鹤年的糖厂都只是整个庞大家族累积财富的一个起点。肖凯相信，自己从办学延伸到金融、科技领域，再纵深到创立教师培训学校，是从点到线，这条线迟早有一天会成为一个面，最后成为一个庞大的系统。"架构清晰，传承的问题就解决了。"情怀之外，肖凯把思考落在实处。如今他在教育行业里走的每一步，都会成为他切入更大世界的一条路。

反 哺

/ 香港来的投资者

2016年,哈工大校长周玉院士在香港出差时,特地到香港剑桥教育集团总部办公室视察一番。那时剑桥教育集团成立不久,肖凯至今清楚记得周校长对他说的话——"一定要兼顾商业和公益"。

肖凯把周玉校长的话一直放在心里。

肖凯没有宗教信仰,但他内心对"因果"深信不疑。他相信勤奋才会带来收获,他相信不积跬步无以至千里,他相信善有善报恶有恶报。这些都是中国人对于美丑善恶因果最朴素的信仰,深隐内心却又力量十足。这股力量也形成了肖凯一以贯之的人生观和价值观,推动着他思考,如何在完成一项商业世界的冒险时,扛起家庭的责任,如何继续达成社会的使命和为国家做出贡献。如今,他对人生格局的思考已经形成了一个完整的价值体系:个人价值的实现基础在于承担起家庭、公司和社会的责任,三者方向一致,相辅相成。

"中国企业家都很不容易。生存本来就已经很困难了，还要把员工照顾好。实现小我以后，还要实现大我，参加一些社会组织、企业家俱乐部，还要慈善帮扶，承担起更大的社会责任。"肖凯说。

从洛克菲勒家族到比尔·盖茨等具有国际影响力的企业家和慈善家不仅实现了商业世界的创新，还不断引领着美国的慈善事业，并以慈善引导社会投资。事实上，社会企业和影响力投资已经成为当今世界最重要的社会创新，也是应对和解决社会问题的有力工具。

当企业发展到达一定规模后，优秀的企业家们愿意付出自己的精力、时间、财富和资源，为更弱势的群体，或小规模的初创企业搭建商机平台。盖茨基金会自2000年起与企业和政府共同设立的全球疫苗免疫联盟，通过慈善风险投资和批量采购，大幅度降低疫苗价格，已经帮助全球范围内5.8亿名儿童接种疫苗，拯救了数百万儿童的生命。而阿里巴巴电子商务平台的愿景是"让天下没有难做的生意"，也给数百万小微企业带来了新的创业和就业机会。

成立北区工商联以后，肖凯给自己这样定位：他希望能为参加工商联的成员们提供更多商业机会。如果说，一开始肖凯为了融入香港社会而叩开了工商联的大门，那么现在，他已经将参与工商联事务当作商业上的合纵连横，更好地实现自我价值和社会价值。

"它们和我的人生价值观及内心的思考一脉相承。工商联的身份、社团的身份反过来能帮助企业的发展。企业发展好了，我才有更多的能力和时间做这些社会事务的工作。这是一个正向的（循环）过程。"肖凯说。

以往全港各区工商联的活动大多提供香港本土的商业机会。而现在，过去很少与内地接触的社团成员们突然发现，在肖凯成为北区工商联创会会长后,他们与内地的联系变得更频繁了。

2018年创会以后,北区工商联几乎每个季度都会安排一场以上的出访活动。在工商联2019年6月的议程表中,就分别列出了造访厦门、造访哈尔滨的活动——看似三个月一次的外访节奏并不密集,但实际上肖凯需要提前和对方频繁沟通,也要和工商联成员多次交流,双向确认是否有感兴趣的项目。

目前,香港工商联和国内大部分省市的工商联已经相互访问,而肖凯期望的不仅仅是让内地和香港两地建立更深的联结,还希望帮助北区工商联发展更国际化的合作。从2019年开始,工商联也与新加坡、柬埔寨和菲律宾的商会建立了联系。

密集的出访自然也为会董和成员们提供了不少商机。

2019年4月,工商联访问上海浦东时,恰好是浦东新区建区29周年,这让本次行程显得格外具有时代意义。事实上,这并非一个巧合。

浦东新区的发展和香港有着很深的渊源。20世纪90年代,上海人还有"宁要浦西一张床,不要浦东一间房"的观念,但自从第一批港资港商到大陆投资以后,浦东如今已经成为上海速度的代表。在香港企业家的带动下,台资、澳资、东南亚华人资本以及各国资本才紧紧跟上,掀起一轮前所未有的投资高潮。香港在浦东的投资每年平均增长10%以上,特别是1990年以后对浦东的投资比重急剧上升。无论是批准项目数还是协议资金,中国香港对浦东的投资接近其他国家投资之和。至1997年底,香港共投资2 126个项目,总投资87.03亿美元,合同港资27.76亿美元,这3项均在投资浦东的63个国家和地区中雄踞榜首。

出于这次行程的特殊意义以及工商联发展内地和香港两地商业力量的社团精神,上海浦东新区区委统战部向香港北区工商联发出了邀请,并特别制订了此行长达4天的访问路线,不管是张江高科技园区、浦东新区展览馆,还是浦东区人民政府,都令香港访问团成员耳目一新。

在访问上海的第一天,香港本地人Lisa Ho被拉入一个名为"上海访问团"的微信群。Lisa在香港开了3家美甲连锁店,几年前加入了油尖旺区工商联。但她说,那里的活动远远没有北区组织的多。这次跟着北区一起访问上海,她已经做出加入北区工商联的决定。曾是葵芳区工商联成员的香港人Andrew Ho也有加入北区的打算。他认为,北区的拜访活动更多,政府的资源更强大。这还是他第一次跟随社团造访上海。

在一天之中,参访团从酒店出发,先后参观了张江高科技园区、浦东展览馆、上海浦东区政府和上海中心。行程很紧,目的地一个接着一个,大家没有太多时间做休息停留。但每到一处,参访团都会在各个地标与当地领导合影。

在全港各区工商联中,参访活动和议程设定往往是会长个人资源的表达。会长的个人资源和能力决定了活动质量的好坏和频繁程度。肖凯过去听过很多社团成员对不同会长的评价,因此他很清楚,大家的确为寻求商业利益加入工商联,工商联的凝聚力一定是由团队成员们切实相信社团的好处才向心凝结。"只有大家认为活动能为企业带来新机遇和新项目,我们才能越做越实,越做越有号召力,越做越有凝聚力,大家才会心甘情愿地来。如果光是吃吃喝喝的,没有意思。"

尽管每次行程非常密集,工商联成员们在一天结束后都或多或少显得有些疲惫。可是每次肖凯将活动行程发到工商联的社群中,参访名额经常很快被一抢而空。

这些散布在香港各地大大小小的企业主"没有心情走马观花"。仅在2019年,北区工商联就先后和四川省广安市国家级开发区、深圳市坪山区、深圳市前海自贸区、上海市浦东新区工商联、大庆市工商联等签订友好合作协议。对社团成员来说，这些协议既是一次形式上的合作，也是实实在在的投资机会。

与深圳前海自贸区签订友好合作协议后的几个月，陈永生就在前海孵化器找到了合适的企业办公场地。而肖凯也将香港剑桥教育集团的发展向前推动了一步。在坪山，肖凯看中了一块地，他认为这块地非常适合作为教育集团的幼师培训基地；在上海参访时，他也不忘跟浦东的官员们讨教上海目前的高端教育市场，为学校进入上海提前做准备。

肖凯说，他创立北区工商联不亚于一场创业——只不过它是非营利性质的。而工商联拥有完整的体系，包括会议流程、会议纪要、财务审计报告等，这也让他更尊重其他成员们的意见和权益，"香港的社团就是一家公司"。

从过去到现在，全港各区工商联旗下的各分会一直都维持着独立存在、各自运营的模式。肖凯原本只是透过北区工商联会长的身份发起单个分会的活动，而2019年10月，北区工商联正式成立一周年以后，肖凯被委以重任在全港各区工商联担任副会长、常务秘书长以及创新科技委员会主席。他的计划是打破区与区之间的区隔，为工商联成员们做好科技创新的服务，搭建起产、官、学、研、商的交流分享平台。

肖凯说，参加工商联这样一个商会组织和自己的价值观一脉相承。而全港各区工商联副会长这个身份对肖凯来说意味着多方面的成功：一个商人成为商界领袖，首先代表企业做得还不错，反过来还可以为企业会员服务，予人玫瑰，手有余香。在肖凯的各个圈子里，工商联、学生会和香港剑桥教育集团都有层层叠叠的联系。这些层层叠叠的商界精英集结在一起，谈判时具有更大的话语权，创造更好的营商环境，才能为香港的繁荣稳定做贡献。

母校的港湾

2019年6月，肖凯带着一支三十多人的北区工商联队伍从香港出发，4个半小时以后，他们纵越中国大陆，到达黑龙江省省会哈尔滨。

一天以后，第六届中俄博览会暨第三十届哈洽会在这座北国名城开幕。这是中国和俄罗斯合办的层次最高、规模最大的综合性展会。正逢中俄建交70周年，这届博览会有着重大意义，不仅围绕中国东北振兴和俄罗斯远东地区发展的主题，还提到了地理位置更遥远的粤港澳大湾区建设。

肖凯带领北区工商联一行人参与了中俄博览会，得到了黑龙江省政协副主席郝会龙的亲切接见。这趟前往东北的行程，实际上早在2019年初就定下了。

巧合的是，肖凯在香港剑桥教育集团日益成长的过程中，也萌生了回家乡盖一所学校的念头——这当然不是一件简单的事情，涉及土地、财政、税收、教育、商务各个环节，到肖凯带着工商联一行人马去拜访家乡时，这件事已经沟通小半年了。

工商联的成员当中，有几名是肖凯的哈工大校友，听说有这次行程，他们都率先在微信群里报了名。大家的背景各异：有人来自现代农业、有人从事石油投资，有人从事房地产开发和跨境电商，还有人做股权投资——但共同点是，都对东北有兴趣，也有自己的判断。

有了工商联，肖凯发现能更好地回馈家乡了。成为北区工商联会长后，他意识到："一些更大的设想可以通过平台的方式去实现了。"他可以带领团队把香港的资金、技术、人才输送到东北，也可以把东北的优质项目和资源推荐到香港。"这比单打独斗强多了。"

这种回报家乡的朴素感情，他认为是十几年前就有了萌芽，不过在过去两年，成为可执行的想法。这株萌芽，很大程度上来源于肖凯对母校哈工大的感情。这几年肖凯几乎每年都会回一次母校。

肖凯这一次不仅带着工商联拜访，还向哈工大教育发展基金会捐款100万元。

6月14日下午，哈工大行政楼626会议室里，基金会理事长、校党委书记王树权向肖凯颁发了捐赠奖牌和教育贡献奖牌。会议室的一面墙上显示了哈工大"规格严格，功夫到家"的校训，除了工商联成员们，中央人民政府香港特别行政区联络办公室调研员付国辉、黑龙江省人民政府外事办公室副主任李胜彬，以及哈工大的校领导们都在场见证了这次捐赠。

"此次借参加中俄博览会和哈洽会之机再次回到母校，心情很激动，同时看到母校近年来的发展进步感到很振奋。"

肖凯此时重游哈工大，再次向哈工大校领导们介绍了全港各区工商联、香港北区工商业联会和企业的情况，还对母校的悉心培养表达了感激之情。

"在母校百年华诞即将到来之际，希望可以尽自己的微薄之力，助力学弟学妹成长成才，同时回馈母校对自己的培养。今后我将坚守哈工大人爱国、爱党的优良传统，带领企业积极融入粤港澳大湾区建设，致力于为更多孩子提供优质的教育，同时加强与母校的联系、沟通，为母校发展建设做出新的更大贡献。"

几个小时以后，肖凯一行还为第二届铭心奖学金获得者们举行了一场颁奖仪式。

这是肖凯第二次为学校捐款了。上一次为母校做出善举还是三年前。2016年8月，肖凯就已经有了一个成型的想法：他希望能以私人或私人投资公司的名义给哈工大捐款，成立一个可持续发展的奖学金。为母校捐款也得到了家人的支持。8月1日，他给哈工大校长周玉院士发了一条长长的信息，他说，目前自己已经有了捐款的成熟想法，以表达对母校的感恩之心、感激之情。

2016年11月，肖凯正式以深圳前海汇容资产管理有限公司的名义向哈工大教育发展基金会捐赠了100万元，成立了一个名为"铭心奖学金"的教育基金会。哈工大党委书记王树权为肖凯颁发了纪念奖牌和证书。

"铭心"两个字，是肖凯在捐款前就定下来的。这是他大儿子的名字，同音不同字。同时作为一个父亲和哈工大校友的肖凯，希望用这种方式表达传承。

在捐赠仪式上，肖凯对着台下的学校领导们和师弟师妹们说："我诚惶诚恐，又很紧张。"他惶恐的是自己"德不配位"，在他眼中，自己并没有给母校做多大的贡献，"我只不过捐了100万元，但是母校这么重视关爱自己，给了一个宏大的场面和仪式"。此时的肖凯处在创业第一年，相比起其他已经在科学领域、商业领域或政治领域有所成就的校友，他清楚自己显然不是哈工大最优秀的学生，"比我有钱的人很多，有地位的也很多，还有很多大教授，我就是一个小商人，企业才刚刚起步而已"。

但这份捐款背后是肖凯的感恩。他给周玉校长发信息解释自己希望捐款的原因：哈工大见证了他最青春的七年，重塑了他的价值观和人生观，帮助他完成了成年礼。不仅如此，在深研院工作的一年，他飞速成长，眼界和能力都得到大幅度的提升，因此他满怀感激。

在捐赠仪式前，2015年还发生了一件小事——肖凯参加了新香港十大杰出青年的评选，他抱着平常心参加，没想到全国各地的校友和母校的老师主动分享评选和投票，"母校的港湾给了我很多温暖"。

在肖凯看来，他捐款顺理成章，不过是一种感激之情的自然流淌，但这件事当时在同龄人中引起了一阵反响。尤其是在肖凯的同班同学吴原看来，好朋友对母校的回馈"出乎意料"。吴原从哈工大毕业后一直待在传统制造业，直到最近两年也跳出来创办了一家英语教育机构。他感受到创业的艰难，也深知创业初期资金流对于创业者的重要性。

吴原认为，100万在很多人眼里可能是一笔并不算特别巨大的数字，但企业刚刚起步，用钱的地方很多。"在创业初期拿出这些钱还是非常需要决心的。我过去完全没有想过要去做这件事情。"吴原说，他也明白这种善举越早做越有利，"因为你总也等不到条件完全成熟的那一天，有多少能力就做多少事情。"肖凯的感受和吴原后来的想法类似："回馈学校或者家乡要通过一些具体的事情做起来，不能说我以前做不到，所以我就没想法，我现在能做到了我就做，不是这样的。"

一年多以后，"铭心奖学金"首届奖学金颁发给了八名优秀的哈工大学子。肖凯出现在颁奖典礼上，给这几位师弟们颁发了每人5 000元的奖学金。获奖的师弟们亲手写了一幅藏头诗书法作品送给他：感君千金意，谢卿绵绵情。学识冠明堂，长德赛琼瑛。心传贯雄志，系意牵晚生。工械犹可进，大业余辈行。

拿到这幅作品的时候,他突然感受到了一种荣耀感和传承感。肖凯在上大学的时候,也有一位师兄给哈工大捐了笔钱。这位师兄就是海王集团的董事长张思民。肖凯记得当时自己感叹了一句:"这位师兄真厉害。"回馈母校的张思民师兄当时三十多岁,也是和肖凯差不多的年纪。他的行为给肖凯的心里播下了一颗小种子。

"哈工大精神、哈工大传统和一大批优秀的校友,给予我精神上无穷的力量,让我懂得时代赋予的责任与担当,更让我学会了感恩。当我个人事业有一定发展的时候,首先想到的就是回报母校,帮助学弟学妹们更好地成长成才,为学校建设世界一流大学尽一份力。"在成立铭心奖学金的发言中,肖凯这么说。

在校友文化发展较为成熟的美国,各大高校往往会长期维护校友关系,以此培育校友的回馈文化。譬如,美国传媒机构US News在2017年的一项统计中,1826年就成立校友会的普林斯顿大学,校友捐赠率全美最高,60%以上的校友在近两个学年中都向学校做出了捐赠。而历史同样悠久、于1840年成立的哈佛大学校友会则在2016年捐赠出了最高的总额。

这几年,国内也掀起了一阵高校捐赠、设立基金会的风潮。艾瑞深中国校友会网公布的2017中国大学校友捐赠排行榜显示,全国高校接收了校友大额捐赠总额突破230亿元,受捐金额上亿的有三十九所高校,其中清华大学以受捐25.29亿元的金额居首。这个数字已经超过了校友会历史悠久的美国,美国校友们在2017年向全美1 085所高校捐出了113.7亿美元。2017年,京东集团创始人兼CEO刘强东更是创下了人民大学建校以来的最高捐赠纪录,他向母校捐款3亿元,并设立"中国人民大学京东基金"。相比名人效应和巨额捐款产生的舆论效应,肖凯知道100

万的数目不算多，但他相信，"这种回馈母校的心态是可以传承下去的"。

如今肖凯也成了播种的人，为哈工大铭心基金会捐款已经成为他固定的事务——他相信自己现在捐赠的一笔钱也能埋下一颗种子，在十年、二十年以后开花结果。

肖凯不仅通过教育集团兼顾了股东、消费者和国家利益，还以集团的名义额外做出了各项公益善举。

2019年，驻马店经济开发区剑桥汉铭爵双语小学的老师们发现，驻马店当地不少双职工家庭面临子女暑期照料困难的问题。于是香港剑桥教育集团和驻马店市总工会携手共同开办了两个工会爱心托管班。

这次一共有五十名职工子女参加托管，所需教室、宿舍、餐厅和各类功能室均由香港剑桥教育集团免费赞助。在学校老师的辅导下，孩子们将有计划地完成假期作业，还将参加美术、音乐、体育、国学、书法、演讲与口才、品德、篮球、机器人等知识辅导课、兴趣班。

当香港剑桥教育集团从广东省青少年发展基金会了解到，一些乡村小学使用的桌椅有的破旧不堪，有的与孩子身高严重不符，已经严重影响学生们正常的阅读和学习生活，老师们须利用课余时间自行修补破损的桌椅时，便向廉江市河唇镇东龙小学等五所学校捐赠了600套课桌椅，500张学生椅子。

肖凯以教育集团名义做的这些公益和慈善也开始获得认可。2019年12月16日，第七届中国企业家发展年会在海南三亚举行。年会汇集了包括第十二届全国政协原副主席齐续春，海南省副省长冯忠华，三亚市委副书记、市长阿东，常务副市长陈铁军，以及龙永图、李小琳、孙晓华、王鹤龄，菲律宾前总统阿罗约，商界领袖和知名企业家郭广昌等2 000多名政商人士和企业家。肖凯在这场年会中获得了2019年度"社会责任企业家奖"的殊荣。

2019年底，一场新型冠状病毒引发的肺炎疫情在武汉爆发。短短几周内，疫情蔓延到至少二十个国家和地区。

1月20日，钟南山宣布新冠病毒具有"人传人"的特性后，公众们开始重视疫情。N95口罩、防护服和医用口罩等防疫物资也一度成为各个城市最稀缺抢手的物资。

肖凯在第一时间在剑桥教育集团总部的微信群中提醒各位园长、行政部门和其他部门的同事们："高度重视此次疫情，虽然病毒还没在一些园所在的城市发现，但疫情的扩散是不以人的意志为转移的……要从行动上，把预防工作做在前面。为春节后开学做好万全准备并听从当地防疫部门的指挥。"

疫情发生后，上海浦东区台办、侨办、工商联和侨联等几个组织联系了生物医药、医疗器械企业，协助浦东区防控办拓展防疫物资捐赠采购渠道。肖凯作为浦东新区港澳地区的政协委员，也在第一时间行动起来。他向浦东光彩基金捐赠了一万只口罩，为浦东的疫情防控工作解了燃眉之急。

2月24日，肖凯又和香港北区工商联的会董们向香港粉岭乡事委员会捐赠了3 000个口罩，免费派发给当地居民和年长人士。

十几天以后的3月7日，香港北区工商联再次与香港立法会容海恩议员办事处共同举办了爱心口罩和防疫物资派发活动。特区政府商务经济及发展局副局长陈百里博士也亲自到场支持此次活动。这次，4 000只口罩和1 000瓶消毒液被免费送到香港上水街坊和有需要的人士手中。

肖凯说，香港北区工商联高度关注疫情发展，积极联系和动员会董捐款捐物，为香港社区提供力所能及的服务。

  他回想起非典肆虐的2003年，自己在哈工大深研院与学生们一同渡过难关，全校师生无一例感染。这次，肖凯的身份和社会角色更加多元，面对集团员工和学生，面对香港北区工商联成员以及共同抗击疫情的上海浦东区政协委员，他做的不仅仅是提醒与陪伴——他需要肩负的责任更重大了，他还是善举的组织者。

  "社会责任感并非简单地捐款。"从个人对母校的捐助到企业的慈善行为，肖凯也在不断反思如何践行社会责任感。"你怎么影响周边更多的人去更好地认识政策，然后通过他们的努力去办好更多的企业，创造更多的社会价值。"他最终的期待也是通过社会组织，领导一批人来共同实现回馈社会的理想。

7 结语（2019 至今）

尽管肖凯当了科研的"逃兵"，但"人生就是这么美妙，往往不会按照设定的轨迹前行"。

变　化

2020年，肖凯迎来人生中的40岁。

古话说"四十不惑"，但肖凯时常感觉到，他离原本的自己越来越远了，这让他产生了一点儿困惑。

刚刚跨过人生中的第四十年，肖凯进入金融行业前的梦想早已一一实现：留在香港、实现财务自由、妻子理性成熟并总能让自己静下心来分析和思考、有一对儿女、有一家正在快速发展并且未来可期的企业、加入一个有较大影响力的香港本土社团。这些节点，每有寸进必有欣喜——肖凯能从中感受持续且长久的成就感。

他的时间，仿佛没有为茫然和脆弱留白过。面对工作，肖凯始终保持乐观和清醒。创业以来，在他脑子里打转的大多是企业和社团有可能面临哪些挑战，出现了问题应该怎么解决。不少创业者在踏入一个新领域时，总会被随时冒出来的问题追问，被迫现场仓促地寻找答案。但肖凯早已不断问过自己这些问题，也清楚该如何找到答案。

可是，工作以外呢？

"我的快乐好像都留给了事业。"肖凯的教育集团规模扩大后，总有员工和合作伙伴问他平时有哪些兴趣。肖凯思考了一会儿，答道："不工作的时候，我就是一个宅男，能一个人闷在家里好久不出门。"这话里有点懊恼的意味——偶尔，肖凯觉得自己很无趣。

肖凯的生活中很少有狂喜时刻。细想起来，他生活中快乐的来源都是"小确幸"：

"每次出差，觉得有点累的时候，看到我孩子的照片，我就开心得不得了。"

"今天早上起来看到太阳，我就觉得今天天气好，我的心情会很好。今天下雨了，我赖在床上，或者到雨中漫步，也觉得下雨天挺好。"

作家张岱说，"人无癖不可与交"。肖凯也曾想挖一挖自己的"癖好"，但他发现，周围人的兴趣，不论抽烟、喝酒、打游戏、打麻将，或是踢足球、打篮球，甚至还有人爱收藏打火机，他统统不喜欢——就连家里的几幅藏画和几件古董，也是早年在投行时期为了工作培养出来的爱好。

除了博士退学以后的那几年拼命工作，肖凯似乎想不起来自己对什么事情表现出狂热。他在提起自己在哈工大的一名学长时，满怀敬仰："他虽然是工科学生，却非常浪漫，很有文艺气息。"而自己是典型的理工男，"我比较注重方法论，不风趣"。

可是当肖凯不断被别人问起有哪些爱好时，他平日里隐藏着的一点点不甘心和小遗憾又冒出来了。草草给了对方一个回答后，肖凯会重复问自己："我到底喜欢什么？除了工作以外我想做什么？"

慢慢浮现出来的答案是他从未与人提起过、即使是太太在过去都不知道的秘密——

"组建一支乐队"。

这个至今尚未实现的"小小愿望",是从肖凯早年听到的一个故事而来。他还在天弘资产工作时,得知一个投行出身的乐手在巴黎开了一个专场演唱会。这位乐手面对的台下听众就是他的同事,这事让肖凯闪出了一个念头:"不求给别人唱,哪怕我自己办个专场,给家里人唱也好嘛!"

后来,这个念头有一次还以玩笑的形式在妻子面前出现:"哎,你说我开一场个人演唱会如何?"

乍一听到这句话,妻子满脸疑惑,随后便捧腹大笑——这可和她认识的肖凯完全不同。这个平时朋友圈只转发中央主流媒体消息的人,尽管也听周杰伦、薛之谦等歌手的流行音乐,90后追捧的肖战、吴亦凡,也能叫上名字,偶尔知道八卦,但他怎么会和乐队联系在一起?

遗憾的是,组乐队的念头在后来的工作中迅速被掐断,被埋到了当下待解决的事务,以及未来许多天的议程之下。

乐队还是没有组建,但肖凯却能在日常生活中给自己找到快乐。如果你在工作中见到他,他的眼睛一直都是笑眯眯的,一副好脾气的样子。

要知道,在创业之前,他可不是这样。"今天之内必须完成!""表现令人失望!"过去,盛源证券的员工们在会议室外常常听到肖凯批评下属,毫不留情。他现在才了解,下属们当初为什么对自己怀着敬畏——自己当初雷厉风行、不留情面的态度给别人造成了太大压力:"以前我那个样子,很让人讨厌。不熟悉我的人会觉得我不谦虚，不低调。"

弟弟也明显感受到了哥哥的变化。

因为浦东新区政协委员的身份，肖凯经常会去上海参加会议。只要机会合适，他便会在上海和弟弟碰面。过去，兄弟俩的生活走在不同的轨道上，现在他们的交集又多了起来。

台湾作家龙应台曾经用南美的雨树形容兄弟姊妹同根生的关系："树冠巨大圆满如罩钟，从树冠一端到另一端，可以有三十米之遥。兄弟，不是永不交叉的铁轨，倒像同一棵树上的枝叶，虽然隔开三十米，但是同树同根，日开夜合，看同一场雨直直落地。"

两人各自成长，但弟弟知道肖凯会将哪些决定作为人生路程的节点，也知道他会在哪一站停靠、在哪一站过后加速。在他眼里，创业前的肖凯一往无前；决定好了一个目标，就冲劲十足，"更关注自己的发展和所有资源的利用"。现在，肖凯除了自己，更多的要考虑香港剑桥教育集团几百名员工未来的发展和方向，"他还是会竭尽全力，而是他会带领大家一起走"。

"他也会去照顾大家的情绪，吸收大家意见了。"肖凌说。

创业后，肖凯发现很多事情并不以自己的意志为转移。尤其是创业初期，肖凯需要说服别人相信自己的能力，相信一个教育集团的愿景。为了一个项目资源，他需要到处找人求合作。毕竟此时他不再是在为一个人干活儿，他的责任更大。强硬的态度需要改变——得协商，得放低姿态。

他会以一种更加柔软的方式面对大家，尤其当了父亲之后，他更明显感到这种变化，"我的神态都变柔和了"。

2020年春节期间，新型冠状病毒来袭，全国人民各自在家隔离。

肖凯也难得每天和家人待在一起。疫情期间，他每天晚上都给孩子讲枕边故事，小朋友现在已经非常熟悉四大发明，著名的历史人物和历史事件，经常一开口就是中国的古语和成语。在给孩子讲故事时，肖凯完全不用看书。他早就已经将这些故事和思想内化成为自己的肌理和血肉，信手拈来。

这样的时光太宝贵了。过去几年，由于肖凯完全投入事业，他花在家里的时间少之又少。回家时，他偶尔会把压力带到家里。妻子作为肖凯最亲近的人，也有觉察，"你不像以前那么真实了"。

两人在香港科技大学的实验室里认识，一路走到创业已经快15年。"我们俩刚认识的时候，妻子觉得是我最真实的一段时间，我最原生态的那个样子已经展示给她了。她觉得我跟任何人关系都很好，也没有脾气，我也愿意开玩笑，大大咧咧的。"

在妻子看来，肖凯在创业前应承下来的"家庭时间约定"最终没能完全实现。有时候，即便是他回到家里，接到一个工作电话，也会陷入沉思状态。妻子嗅到了家庭氛围突然的沉默或紧张，一开始没说什么，时间久了，她便表达了自己的不满。

妻子担心肖凯太过忙碌，因此错过了孩子的成长。

肖凯一直理解妻子的看法，只是觉得妻子过虑了。"从我的角度来看，没有错过他们的成长。"只要肖凯在家里吃饭，晚上帮孩子洗澡、睡前讲故事等都由他来负责，周末的亲子户外活动也都是由他陪伴。肖凯的微信朋友圈里，除了发布工商联的活动和教育集团的最新进展，时不时也会发布儿女的成长。2019年底的一条朋友圈里，他配了两张图，一张是自己和儿子Albert的合影，另一张是小女儿Abigail的照片："难得陪Albert看电影，俺竟然睡着了。"

"换了另外一个人,能把家庭照顾好,又能把企业照顾好的,应该是凤毛麟角吧。"肖凯和妻子开玩笑。妻子撇撇嘴,既没说同意也没说不同意。

认识吴为赞后,肖凯经常被老先生带着出入香港马场。

"跑马""入马场"是深深植根于香港人心中的文化。赛马这项运动在1841年被英国人带到香港,过了4年,香港首个赛马场"跑马地马场"正式建成,香港的赛马历史自此展开,"入马场"还被视作一种高尚的社交活动。

马场里的人常常有这么两种:一种是痴迷于结果的"马客们",拿着笔圈圈点点,认真研读手里的赛马资料;另一种,几人一桌谈笑风生,赛事开始时才会将注意力放在马场上,重社交而轻赛马。待到赛点,众人们在青草味的马场中落座。一阵铃响,十几匹马出栏后奋蹄疾驰而过,扬起一阵尘土,座席便响起一阵呐喊和助威声,在赛马冲线那一刻,身边又传来欢腾与叹气声。一场比赛从开始到结束,不过几分钟的时间。

赛马人人都可以押注,但马会会员并非人人能当。2019年,肖凯向香港赛马会递交了会员申请。

香港赛马会内有五种会籍:赛马会员(又分遴选会员和普通赛马会员)、全费会员、竞骏会会员、公司会员,以及国内会员(专供2008年开设的北京香港马会所)。

肖凯申请的是赛马会员。像他这样在香港居住的企业家,要成为一名竞骏会会员相对来说比较容易,他只需要填写一张申请表,并缴纳13.8万元港币,但竞骏会会员无法申请成为马主,也无法预订和使用会员厢房。

拥有这些权益的赛马会员和全费会员要难得多——只有通过一名遴选会员（Full Member）提名，另一名遴选会员附议，以及3位会员（General Member）支持，并经过马会遴选委员会确认后，才能成为马会会员。在香港赛马会超过23 000名的会员中，只有200位为遴选会员。

"香港赛马会的会员比高尔夫会籍、深湾游艇会籍、银行家俱乐部会籍难进得多。"肖凯说。

成为马会会员后，抽签抽中后才有资格拥有马匹。香港每年的马匹总数是固定的，因此每年分配下来给各个马会会员新购马的名额也很有限。

北区工商联抽中了一个团体马的名额。肖凯作为会长，自然成为了团体马的马主。每一年，香港赛马会都会举办迎新马主晚宴，设宴邀请新马主们参加。肖凯也参加了2019年的这场晚宴。

他在新西兰挑中了一匹3岁的枣红马。这匹马刚刚成年，肌肉结实，毛色发亮。父系Charm Spirit，母系Moorluv，都是有名的赛马。肖凯给它起名为"北区威龙"（Northern Dragon），还专门请来了经验丰富的练马师苏伟贤。苏伟贤的父亲是香港前骑师、资深马评人苏国仁。在2016/2017年度马季上，他赢得了56场头马，在该季练马师榜上排行第四。

入会的高门槛以及马会营造的社交氛围，使得马会成为香港精英们的聚集地。从押注马匹，就能看出一个企业家或是社团领袖的行事风格。"加入马会，不只是融入香港那么简单了，你实际上是真正进入香港的上流社会了。"一位香港的商业领袖这么评价肖凯。

事实上，赛马会不仅是一个释放香港人精力、满足香港人社交需求的场所，它还是香港最大的单一纳税机构、最大的慈善公益机构——从香港的学校，到老人院、医院，都有马会的身影。

肖凯成立北区工商联以后，这个平台成了他实现商业抱负与社会责任的承载。他就像一颗水滴，逐渐汇入更大的湖泊与河流。现在，肖凯又加入了马会，正在向香港社会的更深处渗透。

/ 案 头 书

从投资者转换到企业家的角色，肖凯需要更多考虑一家企业的"柴米油盐"。员工发展、培训、财务、企业运营管理、项目选择、政府关系处理……这些对肖凯来说都是过去从未接触过的新知识和新技能。

没有人会在创业前真正做好所有事情的准备。

但事实上，关于如何学习这件事，肖凯准备了"一辈子"。肖凯敬重的企业家，也都是善于学习的人，"有些人总以为企业家就是吃吃喝喝、陪领导吃饭、陪客户吃饭。那其实不叫企业家，那叫商人"。在他眼里，柳传志、马云、郭广昌这些大企业家总结提炼和分析能力很强，并且都涉猎广泛。"一个企业家，需要不断自我剖析、自我学习，与更多优秀的人为伍才能进步。"

肖凯也是从小就善于学习、善于总结的人，尽管念的是理工科，却一直对文史哲有浓厚兴趣。大学时期对各种公共话题的讨论让他有了很强的思辨分析能力，多年的阅读习惯更拓宽了他的知识结构。

"别人以为是你创业后花两天恶补的，其实不是，我可以很负责任地告诉大家，我准备了一辈子。"

教育对肖凯来说的确是个新的领域。他从未深入了解教育领域，更没有身处教育一线当过老师。教育管理、教育心理学、教育理念方法等关于一线教学的事务肖凯并不熟悉，但是他一直把握战略、研究政策和导向。"我不是个教育家，我提出来的不是一个教育大家的观点，但我可以向教育家学习，内化成自己的观点嘛。"肖凯希望自己对于教育理念的解读，能够内化成策略，并交给经验丰富的一线教师们去执行。

创业中随时出现新问题，而肖凯一时又没有办法解决时，只能不断跨越知识框架广泛阅读、追溯人类历史寻求参照。

这样的"参照"可以随时随地发生。肖凯从不拘泥于学习和解决问题的形式，在一切碎片时间里，如果手边没有书，就抓起电脑或者手机。平时不够看，就在飞机上看，等人的时候也看。"只要想干的事总是能干得出来，那种要回家找书、办公要找电脑的思路，都是太懒惰的思考了。"

肖凯在深圳的办公室，进门是张两米长的办公桌，背后立着一面红木雕花书柜，边上的博古架放着青瓷茶具和文玩花瓶。而书柜里除了企业的资料夹，还有线装的四大名著和《资治通鉴》，肖凯放了成套的从毛泽东到习近平等领导人的选集——《毛泽东选集》《邓小平文选》《江泽民文选》和《习近平文选》，还有来自国外的战略教育研究和管理学研究等专业书籍。

有人说，做企业就是做人。"通感"的领悟能力，一直是肖凯的强项。他大量阅读的政治家故事和战略，会被提炼成一句话，被肖凯运用在企业管理中，运用的效果也不错。肖凯把香港剑桥教育集团早期开办学校的策略形容为"农村包围城市",学校的老师们很快便理解了集团的想法;肖凯在为教育集团或为工商联寻求项目资源时,他也会引用毛泽东的话来概括:"朋友搞得多多的,敌人搞得少少的。"

肖凯的书架上有众多战略管理的书籍,案头则放着一本《郭鹤年自传》。因为被频繁翻动,书页有弯折的痕迹。这本讲述郭鹤年一生打拼史的传记文字质朴,如同对面坐着一位耄耋老人为你娓娓道来。它也成了肖凯与自己对话的通道。

这名伟大的企业家,继承了父亲的一笔遗产,但他能最终成为糖业大王,靠的是自己的敏锐和勤奋。肖凯每当读到郭鹤年面临生意的关键点或危机关头时,便会合上书页开始在自己内心复盘:"我要是当时的他,我该怎么做?他为什么要这么做?如果不这么做,会产生什么问题?"

每一次复盘都是一次演练,肖凯渐渐开始理解这些成功企业家的心境,也开始将一些别样的、被验证成功或失败的经验内化成了自己的思路。

通过传记或经营理论模仿企业家的人不止肖凯一个,但通过这些原理真正将企业做大的也许并不多。肖凯相信榜样,但不迷信榜样。他不仅在头脑中凭空架构出一个世界,进而推演出一条经营理论,而且在公司、社团管理及日常生活里,用自己的身心去感受市场脉搏和整个世界,从不放过对细节的执着,孜孜不倦。这或许才是企业家们的"秘密"。

肖凯有时也会推演自己的人生。一个人静下来的时候,肖凯偶尔会思考,要是自己当初做了另一个选择,如今的自己在哪里。但是他很清楚，哪怕推演自己的人生一千遍，也绝不会影响现在要做的事。

"我不能在反思之后，再重新去做一遍，因为这些铁的意志、铁的方向、铁的规划早已经确定了。"他做出一个决定就不会后悔——脚下的路在他踏出第一步之前，就在心中演练过无数遍了。

/ 企业与企业家

创业第四年，肖凯作为过来人，给了创业者一条建议：

"如果要给自己创立的公司打上某个人的烙印，一定要注意'人'的问题。人没有问题，公司就没有问题。如果这个企业家的格局和方向出了问题，企业就会面临危机。"

肖凯这段关于人与公司关系的思考，其实企业家们都有过。尤其当一家企业从诞生到发展壮大的过程中，总有那么一段时期是被形容为怀着生育剧痛般的感受过来的。这样的一家企业总被看作是企业家的孩子，很难避免带上企业家的个人特质。

如同人们谈起微软，就会想到比尔·盖茨，谈到阿里巴巴，总会想到马云。反之亦如此。

"目前香港剑桥教育集团的所有内涵、价值观、愿景、工作机制，实事求是地讲都带着我个人的烙印。"肖凯说。

可是一旦将自己的人格魅力、个人精神和公司做了捆绑，对"人"的要求也变得很高。但如果企业家为企业建立起一套价值观和愿景，还是可以延续下去，"哪怕别人接了手，这个品牌还是能立得住"。

肖凯以这份思考对应中国哲学的"小我""大我"和"无我"。在他眼里，"小我"指个人价值的实现，如社会地位、经济基础、兴趣爱好等；"大我"是社会责任的承担，例如带领企业从事慈善、回馈社会等；"无我"则代表企业家在完成了企业精神的塑造后，抽身离开，企业和企业精神依旧传承下去的愿景，颇有"舍身外、守身内"的意味。

这种"企业家隐身，品牌向前"的状态体现了企业家的胸怀，也能够帮助企业更好地走下去。2008年，在拉斯维加斯举办的年度消费电子展（CES）上，微软公司创始人比尔·盖茨宣布他将退出微软的日常管理，全心经营比尔及梅林达-盖茨基金会。"这将是我十七岁创立微软以来，首次退出公司日常管理。"自此比尔·盖茨结束了三十二年的软件生涯。

马云也在2019年宣布卸任阿里巴巴董事局主席，之后将致力于农村教育。

两家公司之前积累的名声、品牌并没有因为创始人的离开而失去活力，它们依旧维持原有的运行机制。马云在自己的卸任演讲中就这样说："今天不是马云的退休，而是制度传承的开始。今天不是一个人的选择，而是一个制度的成功。"

他口中的制度，包括阿里巴巴的企业精神价值观。这份价值观在创立之初还被称为"独孤九剑"，分别是：激情、创新、教学相长、开放、简易、群策群力、专注、质量、客户第一。被称为"阿里妈妈"的早期高管关明生帮助马云梳理了这套价值观。2005年，阿里巴巴成立六周年时，"独孤九剑"又被凝练为"六脉神剑"：客户第一，团队合作，拥抱变化，诚信，激情，敬业。2019年，阿里巴巴20

周年晚会上，这家宣称要做102年企业的公司，再次升级了使命、愿景和价值观，被媒体称为"新六脉神剑"，价值观从一个名词，变成了"今天最好的表现是明天最低的要求"这样更具象的要求。

不过，比尔·盖茨和马云虽然退休了，但依旧掌握着决定公司方向的重大决策权。比尔·盖茨退休之后，微软2010年砍掉Courier平板业务、否决以80亿美元收购Slack的动议、专注于Skype开发等决定事实上都由比尔·盖茨拍板。马云也仍将影响阿里巴巴帝国。除了控制着支付宝的母公司蚂蚁金服，马云还是阿里巴巴合伙人制度的终身成员，该团体的几十名成员对公司董事会和领导层有着巨大的影响力。两人并非完全达到了企业"无我"的境界，但一定实现了"大我"，个人价值与社会价值的结合。

肖凯也在追求"大我"的路上。实现企业成功的梦想之后——尽管这个追求很可能永无止境。肖凯说，自己下一阶段追求的是"传道授业解惑"，成为一个布道者。

他指的布道，一方面是带领投资者们建立若干个香港剑桥教育集团；另一方面，是真正地成为一个师者。

2019年9月，肖凯被哈尔滨工业大学聘任为"兼职教授"。

哈工大很少聘请优秀校友成为"兼职教授"，这些兼职教授不一定要有博士学位，也未必有在海外大学或研究机构授课的经验，但他们的共同点是，都在行业内获得了一定成就。兼职教授教书育人的方式并不局限于授课，像讲座、为优秀学生提供奖学金或提供实习机会等，都是传道授业解惑的不同方式。

拿到"兼职教授"聘任证书那天，肖凯发了一条很长的朋友圈回顾自己的职业生涯："静下心来畅想，当年拿到全额奖学金到香港科大读博士，如果坚持下来并能博士毕业，真的就回内地某所高校成为一名传道授业解惑的研究型全职教授了，也许还能申请很多课题，带了一些硕士、博士，获得一些国家级或者省部级奖励，做一个简单的科研工作者……"

尽管肖凯当了科研的"逃兵"，但"人生就是这么美妙，往往不会按照设定的轨迹前行"。这个自认因为勤奋而被上天眷顾的企业家，又在绕了一大圈后，意想不到地成为母校的教授。

"这是母校给我的一种认可与荣誉，同时对我自己又是一种责任。"

香港剑桥教育集团大事记

2015.12　创始人访问英国，拜访上议院议员克莱门特勋爵（Lord Clement-Jones CBE）和帕提尔勋爵（Lord Kamlesh Patel OBE）并分别共进午宴。与英国城市Peace Haven及Elscombe签署合作协议。

2015.12　赴英国合作伙伴CARFAX和Friends' school处参观访问。

2016.01　集团控股公司成立。

2016.02　首批幼儿园选址完成。

2016.03　江西省委常委、常务副省长毛伟明一行莅临公司，集团与英国圣源集团、中国江西煌上煌集团签署三方战略合作协议。

2016.04　江西及河南项目方案确定。

2016.05　集团整体组织架构搭建完成。

2016.06　中国工程院院士、哈尔滨工业大学校长周玉教授访问剑桥教育集团香港总部。

2016.07　江西省妇女联合会主席潘玉兰女士率团访问集团公司。

2016.08	中国区运营总部在深圳正式启动。
2016.09	西安交通大学校长王树国教授访问剑桥教育集团香港总部。
2016.10	集团公司控股东方爱幼两所高端幼儿园，在校人数共计500人。
2016.11	集团董事长作为香港国际创客节副主席，与全国政协副主席、香港特别行政区第四届特首梁振英等嘉宾参加开幕仪式。
2016.12	集团公司于深圳举办第一届年会。
2017.01	集团高层受邀前往广西玉林参观幼儿园并洽谈并购事宜。
2017.02	集团与广州维森置业有限公司签订战略合作协议。
2017.03	集团网上商城上线内测。
2017.04	集团与广西归国人员商业界人士联合会签订战略合作协议。
2017.05	全港各区工商联与济南市人民政府签署战略合作协议，集团的教育综合体是其中重点项目之一。
2017.05	集团高层与济南副市长王宏志于香港参加全港各区工商联庆祝香港特别行政区成立20周年暨第十七届会董局就职典礼。
2017.06	驻马店经济开发区剑桥汉铭爵双语小学及幼儿园正式招生。
2017.07	集团控股剑桥东方爱幼（南宁新星）双语幼儿园和剑桥东方爱幼（南宁桃李溪）幼儿园。
2017.08	集团与济南市章丘区签订了框架合作协议，集团董事长肖凯先生、集团副董事长吴为赞先生与山东省委常委、济南市委书记王忠林亲切交流。
2017.10	集团董事长被聘任为全港各区工商联永远名誉会长。
2017.11	南宁市高新区领导莅临香港剑桥教育集团深圳运营总部，对集团发展表示肯定。
2017.11	集团董事长参加香港上海浦东联会周年庆典。

2017.12	剑桥教育集团董事长受邀参加济港产业精准转向对接交流会。
2017.12	剑桥教育集团董事长率队赴沪，拜访浦东新区、闵行区、金山区、杨浦区人民政府及相关领导，与上海各区政府建立了良好合作关系及交流平台。
2017.12	集团董事长受韩国产业通商资源部韩国展览业振兴会之邀，参加第40届首尔国际幼儿教育及护理展览会，并达成了若干个实质性合作意向。
2018.01	集团两周年年会在深圳举行。
2018.02	聊城教育局及聊城新鹏都集团访问集团深圳总部并签订战略合作协议。
2018.03	集团董事长肖凯先生与吴为赞会长赴北京，与全国政协副主席高云龙，中央统战部副部长、全国工商联党组书记徐乐江亲切交流。
2018.03	集团董事长与中国男足国脚胡志军洽谈足球学校合作事宜。
2018.03	集团董事长一行到访中国并购公会、中国金融博物馆，与王巍理事长交流。
2018.03	集团董事长及副董事长拜访全国政协常委、全港各区工商联创会会长杨孙西博士。
2018.04	集团董事长与国际影星任达华先生交流艺术合作事宜。
2018.05	集团董事长向哈尔滨工业大学捐款并参加首届铭心奖学金颁奖仪式，"铭心奖学金"于2016年11月设立。
2018.05	哈尔滨工业大学党委书记王树权教授亲切接见集团董事长。
2018.06	集团董事长和香港上海浦东联会会长姚征博士拜访万科集团，商讨合作事宜。

2018.07	香港剑桥教育集团第二届全国幼儿园园长交流大会在深圳总部成功举办。
2018.07	哈工大校长助理彭远奎教授来访集团深圳校区。
2018.08	香港剑桥教育集团总部升级焕新，乔迁新址。
2018.09	集团旗下九个幼儿园、两个小学及一所初中正式开学。
2018.09	深圳市龙华区委常委马里区长一行莅临深圳剑桥汉铭爵学校考察指导。
2018.10	集团副总裁谭敏娟女士赴德国FCDB交流访问，探寻学前教育对孩子真正的意义。
2018.11	深圳市龙华区区委统战部幸坚坤副部长一行莅临深圳剑桥汉铭爵学校考察指导。
2018.12	集团联手香港合作伙伴成功收购位于香港九龙红磡的一所幼儿园和一所幼稚园。
2019.01	集团三周年年会在深圳举行。
2019.02	集团董事长肖凯先生作为香港北区工商联创会会长接待浦东代表团，与浦东新区海外联谊会会长、区委常委、统战部部长金梅一行会谈。
2019.03	集团董事长肖凯先生参加全港各区工商联第十八届会长选举及春茗活动，并当选全港各区工商联副会长、常务秘书长及创新科技委员会主席。
2019.03	香港剑桥教育集团位于香港九龙红磡的幼儿园和幼稚园、南宁高端幼儿园、大连高端幼儿园正式开学。
2019.04	香港剑桥教育集团受邀访问云南昆明，对多个教育项目进行实地考察调研。云南省委统战部、昆明市统战部、昆明

	市教育局等领导陪同接待。
2019.04	香港剑桥教育集团亮相亚洲幼教年会，领跑高端学前教育。
2019.05	香港剑桥教育集团全资子公司剑桥白金汉爵教育咨询（深圳）有限公司向廉江市河唇镇东龙小学、茂名市电白区小良镇陂头小学、车岗镇同安堡小学、海丰县海城镇埔仔垌小学、湛江市麻章区麻章镇赤岭小学洋水岭校区等五所学校共捐赠600套课桌椅、500张学生椅子。
2019.06	集团董事长再次向哈工大教育基金会捐款人民币100万元，支持品学兼优、勤奋厚德的优秀学子。集团董事长肖凯先生获哈工大校党委书记王树权亲切接见。
2019.06	集团董事长肖凯先生作为创会会长，带领香港北区工商联访问黑龙江，获得黑龙江省政协副主席郝会龙接见，黑龙江省委统战部、省外办、省教育厅、省商务厅、省贸促会主要领导陪同。
2019.07	香港剑桥教育集团教师集训在南昌举行。7月13—15日，集团举办了为期三天的暑期教师集训，全国各地近百名幼师参加培训。7月16日，驻马店市总工会爱心托管班在驻马店经济开发区剑桥汉铭爵小学开班。启动仪式由驻马店市总工会副主席冀春华主持，河南省总工会女工部部长高颖嘉参加启动仪式，驻马店市总工会党组书记、常务副主席李永春宣布工会爱心托管班开班。
2019.08	香港剑桥教育集团南宁培训学习活动顺利举行。
2019.09	集团董事长肖凯受聘为哈尔滨工业大学兼职教授。
2019.09	南昌剑桥汉铭爵小微园开办，集团正式进入早教领域。

2019.10	香港剑桥教育集团组织恭祝祖国70华诞系列活动及录制各分校爱国视频。
2019.11	德勤中国合伙人访问集团深圳公司。
2019.12	集团收购河北省秦皇岛六所幼儿园。
2020.01	集团年会暨成立四周年晚宴。

后记

在很多传记中，企业家们大多会站在成功者的位置，讲述自己一路的故事。看起来，任何人的人生仿佛只要勤奋，加上一点天赋，再加上一点好运就能成功。这些看起来人人都懂的道理，真的是他们成功的秘密吗？又比如，传记与传记之间的人物，谈起人生感受时，难免有不一样的方向。有人教你对生活保持敏锐，有人教你增加钝感力，那么读了传记的后辈，该如何结合当下环境，选择最适合自己的路？

难怪不少人会将传记看作带着幸存者偏差的"鸡汤"，将成功者看成是踏上时代节拍的幸运儿。

2017年，哈尔滨工业大学出版社决定选择肖凯作为"建校百年·哈工大人系列丛书"收录的校友代表之一出版传记时，他才37岁。起初接到采访写作邀请的时候，说实话，我对他抱有资历的成见：一个40岁不到的青年人，创立的企业刚满两年，如何为大家提供经过时间检验的人生建议？

公众熟知的企业家，有一批是出生于20世纪40或50年代的任正非、王石、柳传志等人，或出生更早的李嘉诚、郭鹤年。这些前辈企业家，在成长期大多经历过混乱又令人迷惘的变革时代，如今都已经走过人生的成熟期，创办的企业也都在二十年以上——一个跨越经济学周期的人生和企业，有必要做出一个阶段的总结。

另一批为人熟知的企业家，则是过去二十年抓住互联网发展机遇崛起的创业者。从门户时代的新浪、搜狐、网易三大网站，到网页搜索时代BAT三巨头，再到如今移动时期相互割裂的互联网生态。互联网的影响面之广，影响程度之深，是当下年轻的互联网网民最容易感同身受的。以上两类企业家的故事往往充满张力，丰满动人。

肖凯不属于以上两者。他很年轻，事业还处在上升期。本书付梓的2020年，肖凯40岁，他创立的香港剑桥教育集团刚刚跨入第五年。有人说，你很难去描绘一座正在喷发的火山，也很难聚焦一个不停奔跑的人。作为作者的困惑和焦虑这时自然出现了：我该如何判断肖凯的选择是否正确？又如何根据他的行动和思想展现出一家走向伟大的公司？

步履不停，是我对肖凯的第一印象。他的一天被不同的头衔与角色精确拆分成几块，提前到达参访现场准备、午餐桌上谈生意、提前离开深圳的宴席赶回香港工作，朋友圈里不同定位的照片也透露出他高速运转的日常。在几次与香港北区工商联随行的过程中，我更见识到了他分身有术的本领。在哪里都能工作，在哪里都能学习。

肖凯的勤奋似乎不符合"时代精神"。近几年，中国年轻人开始流行"丧文化"和"佛系"，让人想到美国二战后垮掉的一代，以及日本如今的蛰居族。在两年的接触后，我更愿意用20世纪70年代香港狮子山下的拼搏精神形容肖凯。他从小就有这种朴素的态度，成年以后，自律和效率带来的正面效应更让他的勤奋形成一种惯性。

成功者总是相似的。黑石集团创始人苏世民总结的25条工作和生活原则，其中有一条和肖凯的状态很贴合："最优秀的高管不是天生的，而是后天磨砺的结果。他们好学不倦，永无止境。要善于研究你生活中取得巨大成功的人和组织，他们能够提供关于如何在现实世界获得成功的免费教程，可以帮助你进行自我提升。"

尽管肖凯的品质非常突出，但搜集素材却不是一帆风顺的。

第一次见面，是在香港剑桥教育集团中国区总部深圳的办公室。我已事先得知，采访时间只有两小时，结束后他还有一场午餐会。我在开头花几分钟介绍了自己，剩下的时间，几乎都是肖凯细数自己过去30多年来抓住的机会，以及他对教育行业的剖析和见解。话音结束，正好两小时。他对时间的把控令人惊叹。逻辑清晰，条分缕析。但第一次聊完，我心中就暗呼："不妙！"

伟大的文学作品与戏剧作品中，总能看到人物的彷徨与追问。现当代的创业文学作品中，也总是表现出创业者们的困境，和他们六神无主的琐碎细节。但肖凯的叙事里，没有障碍，没有细节，只有如何做成一件事的经验和教训。这种复盘和总结的能力让人钦佩，但对采访者来说，简直是个大麻烦！要知道，"方法论"可是故事化和戏剧性的最大敌人。

此后，我几次跟随肖凯参与会议，希望在碎片时间里，补足之前未能展开的故事。但得到的答案依旧类似。他的回答都很笃定，数字和信息精确无误，处理信息的方式近似于人工智能——将每天接收到的信息压缩到自己的知识框架里，再系统性地对外输出。

我总感觉自己和肖凯当年发生的故事之间，有一层难以冲破的障碍。是什么挡住了故事的全貌和细节？我一度对自己过去几年的记者生涯产生了怀疑。是采访技巧的问题吗？还是我只满足于停留在获取答案，而非真正地挖到他的想法？

有一些故事，我可以通过与肖凯的校友同事、朋友以及共同成长起来的弟弟接触，从他们的描述中拼凑出来。这种方式讨巧，可以印证肖凯的说法，也可以侧写他在不同社会角色中表现出来的特点。譬如，肖凯记忆中只有学生会和辩论会的大学生活，我通过采访哈工大吴原和胡大为补齐了。肖凯在哈工大深圳研究生院的生活，也因为赵万生教授的叙述，获得了不同的视角。

但有一些故事，只有肖凯作为本人才能讲述。故事无法展开，就无法真正接近真实的肖凯，本书的另一位作者施钰涵帮我解决了这个难题。在几次共同采访时，她直接点出了此前一直盘桓在我心头的问题，告诉肖凯：您的经历需要给读者一些启示，但不是通过方法论告诉他们，故事才能引起人们的共鸣。

肖凯这才反应过来："我是存在这个问题。"连他自己都没有意识到，他的复盘总结能力已经形成一种无须思考的固定模式。他不讲述故事，并非因为他不够真诚，而是希望直击问题核心。

事情有了进展。此后，我们分别在上海、香港、深圳以及电话中进行了数次谈话。肖凯也慢慢开始描述自己的故事。这才使得这本书拥有更丰满的血肉。

现在，一个哈工大培育出来的实干者就站在你面前，他转道金融行业，又创立教育集团，几段职业养成的习惯相互影响。我对肖凯研究生导师赵万生教授的评价印象很深：他做投资时带着哈工大学生的特点，不看风口，不关注短期堆聚的巨大泡沫。而他在做教育时，又能善用金融手段完成集团的扩张。

肖凯是个普通人，但他的思考和行动远比一个普通人要多得多。我希望肖凯能作为一个人生范本，展现一个年轻人的成功如何被一点一点浇灌出来。任何一个年轻人，时刻准备好，敏锐地察觉到时代微澜，又一次次抓住机遇，并且全力以赴，成就自己——这就是肖凯的故事。

最后，我想在此感谢肖凯，他与我们每次的对话都非常坦诚，他的洞察和观点时常让我照见自己的不足，也要感谢前哈工大深圳研究生院院长赵万生教授和全港各区工商联前会长暨永远荣誉会长吴为赞博士，他们在接受采访时为后辈们提出不少宝贵建议，以及作者施钰涵，她邀请我成为本书的另一位作者，使我得以开启一段侧观了解一个人经历的美好旅程。

吴羚玮
2020年6月